원효

한국불교철학의 선구적 사상가

차례
Contents

들어가는 말

  일반적으로 사람들은 '원효' 하면 제일 먼저 해골바가지의 물과 깨달음을 떠올린다. 그리고 요석공주와 설총을 떠올린다. 책을 좀 더 읽어본 일반인들이면, 바람처럼 물처럼 걸림 없이 살았던 자유인을 떠올리기도 한다. 전국의 유명한 산과 유명한 절들에는 원효의 이름이 많이 남아 있다. 그런 그가 깨달음을 무어라고 했을까? 통불교統佛敎, 일심一心, 화쟁和諍, 원융무애圓融無碍 등 몇 가지 용어들은 '원효' 하면 떠오르는 낯익은 말이지만 그 내용이 무언지 일반인들에게 잘 알려져 있지 않다.

  필자는 이 책에서 그의 불교철학 이론을 독자들이 더 쉽게 읽어볼 수 있게 하려고 한다. 그래서 그의 치밀한 사고와 활발

한 문장과 더불어 그의 시원시원하고 자유로운 삶의 모습을 엿보고 맛보게 하고 싶다. 삶에 바쁘고 고달픈 현대인들에게 그의 말들은 쉽지 않다. 그러나 어려운 듯하면서도 잘 생각해 보면 어떤 내용은 한 순간에 확 다가올 수도 있다. 쉽게 써보려고 노력하겠지만 그의 글은 아주 어렵고 복잡할 때가 있어 쉽게 쓰는 것에 한계가 있다. 원효의 철학이 여러분 스스로 자기 길을 돌아보는 데 작은 도움이 되었으면 한다.

원효의 생애와 시대적 배경

원효는 617년(신라 진평왕 39년) 경상북도 압량군 불지촌(현 경산군 압량면 신월동) 북쪽의 밤나무골 사라수 밑에서 태어났다. 『삼국유사』에 따르면, 어머니가 원효를 잉태할 때 유성이 품으로 들어오는 꿈을 꾸었으며, 그를 낳을 때는 오색구름이 땅을 덮었다고 한다. 그의 아버지는 담나내말談捺乃末이며 할아버지는 잉피공仍皮公 또는 적대공赤大公이라고 한다. 그는 태어나면서 어머니를 잃었으나 잘 성장하여 훌륭한 수행승이자 학승이 되었다. 원효元曉는 자신의 이름대로 한국불교철학의 '첫새벽'이 되었고, 인도의 나가르주나(Nagarjuna, 龍樹)나 중국 수隋대의 천태天台 지자智者 대사에 비교되기도 하는 세계 불교사에서도 빛나는 인물이 되었다.

원효가 가장 많이 통용된 법명이고, 아명은 서당誓幢이라고
도 하고 새부塞部라고도 하였다. 서당은 '새털'을 뜻하는데, 당
이 '털'이라는 뜻이기 때문이다. '새털'이란 이름은 그의 출생
과 관련되어 있다. 그의 어머니가 밤나무골을 지나던 중 갑자
기 해산기가 있어 밤나무 아래서 남편의 털옷을 밤나무에 걸고
그 아래 자리를 마련하여 아이를 낳은 데서 얻은 이름이라 한
다. 또 새부는 '첫새벽'을 뜻하는데, 뜻 그대로 그는 비단 한국
의 불교만이 아니라 한국철학에 있어서도 첫새벽이다. 8세기
중반 이후에는 신라와 일본에서 구룡丘龍 혹은 구룡대사라 부
르기도 했다. 이 이름은 원효가 비룡飛龍의 화신으로 청구靑丘
에 숨어 기거한다는 설에 토대를 둔 것이다. 또 현장(玄奘,
602?~664)의 유식唯識 비량比量의 오류를 비판한 데서 불교논리
학의 확립자인 진나보살(陳那, Dignāga, 480~540)의 후신後身으로
도 불렸다. 또 중국과 일본에서 해동법사, 해동이라고도 불렸으
며, 고려의 의천도 해동이라고도 부르고 해동교주로도 불렀다.
그는 환속 후에 소성거사小性居士라 자칭했다. 이 밖에도 설씨
의 족보에는 사思로 되어 있고, 태사太師, 복성거사卜性居士, 율
곡栗谷 등이라고 주장되기도 하지만 입증자료가 미흡하다. 또
제호醍醐화상이란 이름이 설화에 보이고, 낭지朗智를 상덕上德
이라 부르고 자신을 서곡사미西谷沙彌라 낮춰 부른 게송이 있지
만 그것들이 원효의 이름이라 할 수는 없다.

젊은 날 원효에 대한 자료는 거의 없다. 『삼국유사』『송고승
전』 등에 일부 나타난 내용들을 토대로 그에 관한 이야기를 몇

가지 재구성할 수 있다. 원효는 약관의 나이에 출가하였다고도 하고 열 살 미만의 나이에 출가하였다고도 한다. 열 살 미만이었든 약관의 나이에 출가한 것이든 어려서 출가한 것이 그가 태어나면서 어머니를 잃은 것과 관계가 있을 것으로 생각된다. 그는 삶에 대한 회의와 허무감 때문에 승려가 되기로 결심하여 황룡사에서 승려가 되었다. 불교가 공인된 지 100년이 지나던 이 무렵 신라에는 불교에 정통한 많은 고승들이 있었다. 원효는 그들을 찾아 삶의 의미를 묻고 배웠다. 그는 태어나면서부터 영특했고 일정한 스승이 따로 없었다고는 하지만 그에게는 분명 많은 스승이 있었을 것이다. 다만 일정한 스승 아래서 오랫동안 배우지 않았기 때문에 그런 평가가 나왔을 것이다.

그가 사미 시절 반고사에 머물 때 낭지朗智로부터 가르침을 받았고, 그의 나이 31세인 647년(선덕여왕 원년)경 저술한 것으로 알려진 『초장관문初章觀文』과 『안신사심론安身事心論』은 낭지의 가르침으로 지은 것이다. 이후 34세인 650년(선덕여왕 4년)경 의상과 함께 현장 삼장과 자은사 문중을 흠모하여 당唐에 가려고 고구려를 거치며 압록강을 건넜으나 요동 땅에서 고구려군에게 발각되어 감옥에 갇혔다가 탈출한다. 이후 『열반경涅槃經』과 방등교方等敎 강의를 했고 후에 열반종의 개조가 된 보덕(普德, 고구려 고승이었으나 보장왕이 불교를 숭상하지 않자 650년 신라에 망명하여 지금의 전주인 완산주 고대산孤大山에 경복사를 짓고 지냄)으로부터 『열반경』과 『유마경維摩經』 등을 배웠다고 한다.[1] 660년(무열왕 7년) 원효 나이 44세에 백제는 김유신(金庾

7

信, 595~673)이 이끄는 신라군과 소정방(蘇定方, 592~667)이 이끄는 당군의 연합군이 사비성을 함락함으로써 멸망한다.

그 이듬해인 661년(문무왕 원년) 그의 나이 45세에 의상과 함께 제2차 당나라 유학을 가던 중 당주계 근처에서 땅막과 무덤의 차별이 아뢰야식(一心)의 차별상에서 비롯된 것임을 깨닫고 유학의 무의미함을 확인한 뒤 신라로 돌아온다. 최근의 연구에 의하면 650년(진덕여왕 4년) 원효 나이 34세, 첫 번째 고구려를 통한 당나라 유학 시도 후 바로 같은 해 다시 경유지를 돌려 백제 길로 유학을 가던 중 직산의 굴 무덤에서 깨달음을 크게 얻고 돌아왔다는 것이다. 그 후 주로 분황사에 있으면서 불교 대중화를 위한 저술 활동에 전념하였다고 한다. 그는 일정한 스승도 없었지만 무덤에서의 결정적 계기를 통해 오직 자기 안을 들여다보고 스스로 깨달음을 일었다. 그 뒤 포항의 오어사(吾漁寺)에 머무르며 보살행을 하는 혜공(惠空)과 교유하면서 여러 공론에 관해 토론을 벌이며 많은 영향을 받는다. 『삼국유사』에 따르면, 원효와 혜공이 개울가에서 물고기를 잡아 먹은 뒤 바위 위에 똥을 누고는 혜공이 원효에게 "그대의 똥이 내 고기일게야"라고 법거량을 하던 이야기 때문에 이 절 이름이 항사사(恒沙寺)에서 오어사로 바뀌게 되었다고 한다. 혜공은 술과 춤을 좋아하고 삼태기를 등에 지고 다닌 기이한 승려이며 신라 10성의 한 사람으로 일컬어진다. 원효가 그 소(疏)를 지었던 『금강삼매경』은 혜공이 지었을 것이라 추측되기도 한다. 그는 원효의 스승이자 선배이며 도반이었다. 그리고 이 무렵 생김새가 특이한 구리 바리때를 들고 시장에서 '대안! 대안!'을 외치고 다니며, 『금강삼매경』의 해동 편집자로 전해지는 대안大安을 찾아 치열하게 묻고 배웠을 것이다. 국선 구공담이 사냥한 고기를 먹는 것을 보고 자기 다리 살을 베어주었다는 신라 10성의 한 사람인 혜숙惠宿으로부터도 많은 것을 배웠을 것이다.[2] 그는 불교 외에도 유가儒家와 도가道家의 책들까지 넓게 공부했다.[3] 또 불교수행자로서 간절하고 피나는 고행을 다했다는 것은 그가 남긴 다양한 저술들에서 그 실마리들을 찾아볼 수 있다.

태종 무열왕 재위기간(654~661)에 무열왕의 과부 공주인 요석과 연을 맺었는지 667년(문무왕 7년)에 공주와 연을 맺었는지는 정확치 않으나, 무열왕 재위기간이 원효 나이 38세에서 45세 사이이고 문무왕 7년은 원효 나이 51세인 것으로 미루어 보아, 아마 무열왕 재위 중의 일로 생각된다. 그들이 연을 맺은 후 공주가 설총薛聰을 낳는다. 설총은 한국 유교의 문묘에 배향된 십팔유현 가운데 첫 번째로 모시는 유학자가 된다. 이후 원효는 스스로 승복을 벗고 '근기가 작은 사내' 즉 소성거사小姓居士라 자신을 부르며 무애無礙의 보살행을 행한다. 663년(문무왕 3년) 백제 잔여군을 나당연합군이 완전 장악한다. 664년(문무왕 4년) 2월 원효 나이 48세에 당나라 법상종의 현장이 입적한다. 667년(문무왕 7년) 그의 나이 51세 무렵 신라 승려 순경順璟이 제자를 당나라에 보내 원효가 밝힌 현장의 논리적 모순을 지적하였다. 668년(문무왕 8년) 그의 나이 52세에 김유신이 소정방이 보낸 암호 '난독회鸞犢繪'에 대해 원효에게 자문한다. 이 해에 고구려는 김인문(金仁問, 629~694)과 이세적(李世勣, 李勣, ?~669)이 이끄는 당나라군의 평양성 함락으로 멸망하고 나당연합군이 승리하게 된다. 이 해에 당나라 화엄종의 제2조 지엄(智儼, 602~668)이 입적한다.

670년(문무왕 10년)에 의상이 당나라에서 귀국(혹은 그 이듬해)하고, 신라와 당의 대립이 격화되고 신라·백제·고구려 군민의 항쟁이 시작된다. 그 이듬해인 671년(문무왕 11년)에 원효 나이 55세에 행명사에서 『판비량론』을 저술한다. 672년(문무왕 12년) 무렵부터 분황사에서 『십문화쟁론』『법화종요』『미륵상생경종요』『무량수경종요』『법화종요』 등을 저술하였다. 675년(문무왕 15년) 원효 나이 59세에 원왕생가願往生歌를 지은 광덕廣德과 그의 친구 엄상嚴莊이 원효에게 사사하였다고 한다. 원효는 저술에 전념하던 중 682년(신문왕 2년), 즉 원효 나이 66세 이후에 『화엄경』「십회향품」에서 붓을 꺾고 궁을 떠나 굴(穴寺)로 거처를 옮겨 유유자적하였다. 원효 나이 70세인 686년 3월 30일 굴에서 입적하였는데, 생을 마칠 때는 굴에서 조용히 마쳤다는 기록뿐이다. 같은 해 7월에는 문아文雅 원측(圓測, 613~696)이 당나라 불수기사에서 입적하였고, 의상이 입적하였다.

당시는 신분제 사회였다. 그 사회의 많은 사람들이 골품제의 모순을 겪었을 것이다. 원효는 골품제 사회에서 그 출신에 따라 사는 것에 대해서 많은 모순과 비애를 겪는 사람들을 보앗을 것이고 스스로도 겪었을 것이다.[4] 또 그는 당시 당·고구려·백제·신라 간의 큰 전쟁을 겪었다. 7세기에 고구려·백제·신라 삼국이 통일되기까지 수십 년의 피비린내 나는 전쟁의 참화 속에서 청년 원효의 마음은 아팠을 것이다. 화랑으로 여러 전투에 참가하면서 많은 죽음을 보았을 것이다. 피비린내 진동하는 전쟁 후에 신라 땅이 된 옛 백제 땅과 옛 고구려 땅의 유민들은 신라에게 두루 감싸 안아 해결해야 할 정치적 과제가 아닐 수 없었다. 그는 세상이 왜 이리 비극적인지 고민했을 것이다.

불교사적으로 당시 동아시아는 인도에서 1000여 년의 역사를 가진 불교와 그에 따라 축적된 불교이론들이 왕실이나 귀족 중심으로 한꺼번에 유입되는 시기였다. 불경이 유입되는 시기와 종류에 따라 그것을 받아들인 사람들은 의존하는 경전이 달라진다. 주로 의존하는 경전에 따라 여러 종파가 생기며, 또 종파에 따른 불교이론상의 차이 때문에 종파들이 갈등하게 되고, 어떻게 그 갈등을 풀고 그 이론상 차이를 어떻게 해석해야 할지 문제가 된다. 그래서 원효는 여러 불경과 각각의 논서들에서, 어긋나 보이는 글들이나 주장들이 어긋나지 않음을 보이고 각각이 다 나름대로 진리를 드러내는 바가 있음을 보이기 위하여 수많은 저술을 하였다.

원효는 교학연구나 관념에만 머물러 있지 않았다. 원효는 부처님이 중생을 아들 라후라로 여기며 불난 집에서 불에 타는 것과 같은 고통을 당하고 있는 중생을 구원하려고 한다는,

대승불교의 대비大悲 가르침을 공부하였다. 그는 나, 남을 구분하는 분별심을 떠난 자비인 무연자비無緣慈悲의 가르침을 공부하였다. 그는 『증일아함경增壹阿含經』에서 말하는 여섯 가지 종류로 힘을 쓰는, 여섯 가지 종류의 사람을 분류하는 다음 구절을 읽고 또 인용하면서, 자비의 한결같은 마음으로 힘을 써 중생을 이익되게 하려는 큰 서원을 세웠다. "어린 아이는 우는 것으로 힘을 삼기 때문에 말하고자 하는 것이 있으면 반드시 먼저 운다. 여인은 성내는 것으로 힘을 삼기 때문에 성을 내고 난 후에 말한다. 고행을 하며 도를 닦는 이들은 참는 것으로 힘을 삼기 때문에 항상 남에게 겸손할 것을 생각한 뒤에 스스로 말한다. 국왕은 교만한 것으로 힘을 삼기 때문에 이런 남을 업신여기는 위세를 부림으로써 스스로 말한다. 아라한은 한결같은 정진으로 힘을 삼아 스스로 밀한다. 모든 부처와 세존은 대비大悲로써 힘을 삼아 널리 중생을 이익되게 한다(弘益衆生)."[5] 그에게는 왕실이나 귀족도 인도해야 할 가엾은 중생이고, 고통 받는 하층민 그리고 정복지역의 유민들도 다같이 인도해야 할 가엾은 중생이다.

그에게는 더럽고 깨끗함이 둘이 아니고 진리의 길과 세속의 길이 본래 같다. 그는 진리의 근원이 우리들 마음임을 깨달았다. 우리들 마음은 더럽고 깨끗함이 함께 속해 있는 한 마음이고, 성聖과 속俗은 일심一心의 두 측면이다. 성과 속이 하나도 아니고 둘도 아닌 한 마음의 철학은 원효의 역동적이고 자유로운 실천행의 큰 삶을 설명해준다. 당시 대부분의 승려들은 왕실과 귀족 출신이면서 그들의 존경을 받고 성 안의 큰 절에서 귀족생활을 했다. 그러나 원효는 지방의 촌락이며 시장거리며 뒷골목을 누비고 다녔다. 승려가 아닌 속인으로 걸림 없이 걸림 없는 노래를 부르고 걸림 없이 걸림 없는 춤으로 서민들 사이에서 그들의 이해 정도와 수준에 맞추어 일심의 불법을 설하였다. 그는 자신이 없는 무아無我의 자유로운 성자였고 중생이었다. 가난한 사람, 천민, 부랑자, 거지, 어린아이들까지 모두 원효를 허물없이 따랐다. 그들과 어울리며 함께 기뻐하고 함께 슬퍼하며 춤을 추고 노래했다. 그들이 할 수 있는 정도에 따라 염불을 따라 부르게 하며 정토에 태어날 희망을 주어 그곳을 곧 정토로 만들었다.

　원효는 위대한 철학자로서, 성속聖俗을 넘나든 자유인이자 중생의 구제자로서 70년 생애를 열정적으로 살다 갔다. 그는 우리 민족의 정신과 한국철학사의 첫새벽을 열었으며, 오늘날에도 여전히 우리들 가슴속에 살아 있다.

원효의 저술

원효가 남긴 저술은 방대하다. 원효의 저술에 관한 학자들의 견해는 약간의 차이가 있다. 책 이름은 다르지만 내용이 동일할 것으로 생각하는 분들은 대개 80여 부 150여 권 정도로 본다. 또는 86부 180여 권으로 보는 분들도 있고, 102부 303권으로 보는 분들도 있고, 100여 부 240여 권으로 보는 분들도 있다. 그 연구 범위는 대·소승불교의 모든 영역을 망라한다. 그 내용이 넓고 깊은 그의 저술들은 그의 깨달음과 깨달음을 통해 깊이 통찰된 학문성에서 유래한 것이다. 그의 저술들 가운데 온전히 현존하는 저술은 18부 22권 또는 15부 23권으로 본다. 일부분 혹은 단편만 남아 있는 것이 12종 가량이다.

온전히 전해지는 저술들

　먼저 온전히 남아 있는 저술의 내용을 대강만 살펴보겠다. 이중 가장 유명한 저술은 『대승기신론소大乘起信論疏』(2권)다. 『기신론해동소起信論海東疏』라고도 알려져 있는 이 저술은 아슈바고샤(馬鳴, 100?~160?, 중인도 마갈타국)가 짓고 진제眞諦가 번역한 『대승기신론』에 대한 주석이다. 『대승기신론』은 대승의 바른 믿음을 일으키는 논서라는 뜻으로, 일심一心·이문二門·삼대三大·사신四信·오행五行을 다룬다. 원효는 그 해설서인 『대승기신론별기』와 『기신론해동소』를 지어 그 뜻을 이해하기 쉽도록 풀이하고, 『대승기신론』의 일심사상을 바탕으로 자신의 일심사상을 형성하였다. 여기에 일심이문一心二門, 체상용體相用, 삼대三大 등 원효의 사상적 기초가 들어 있다. 원효의 『기신론해동소』는 옛날부터 혜원(慧遠, 334~416, 동진의 승려), 현수(賢首, 643~712, 당나라의 승려)의 소와 함께 3대소의 하나로 꼽혀왔다. 이 책에서는 현존하지 않는 『일도의一道義』와 『일도장一道章』과 『이장장二障章』이 언급되고 있다. 이는 『일도의』와 『일도장』 그리고 『이장장』이 『기신론해동소』 이전에 성립된 것으로 생각할 수 있다. 『일도의』와 『일도장』은 『기신론일도장』을 이르는 것으로 추측하는 학자들이 있다. 『이장장』은 현존하는 『이장의二障義』다. 『이장장』의 인용문장을 확인하면 『이장의二障義』가 맞다.

　다음으로 『대승기신론별기大乘起信論別記』(1권)는 『기신론해동소』의 초고로 알려져 있다. 소가『대승기신론』5장을 모두 주석한 데 반해, 별기는 일심이문一心二門, 체상용體相用, 삼대三大 등 입의분과 해석분 일부만을 주석하였다. 이 부분은『기신론』의 이론적인 핵심 부분이다. 이 저술은 원효철학의 이론적 기초를 살필 수 있는 대표적인 저술이다. 특히 별기의 대의문과 소의 종체문은 각각 별기와 소의 맨 앞에 나오는데 원효철학을 맛볼 수 있는 명문으로 꼽힌다. 이 둘을 비교해서 읽어보면 두 저술 사이에 생각의 변화와 차이가 약간 있음을 발견할 수도 있다.

다음으로『대승기신론소기회본大乘起信論疏記會本』(6권 1책)이 있는데, 이는 위의 소와 별기를 합쳐 편찬한 책으로, 원효가 합친 것은 아니고 후대에 합쳐 편찬한 것이다. 해인사海印寺 소장본으로서『기신론해동소』의 가장 완전한 판본이다. 이 외에『기신론』관련 현존하지 않는 저술은『대승기신론종요大乘起信論宗要』『대승기신론료간大乘起信論料簡』『대승기신론사기大乘起信論私記』『기신론일도장起信論一道章』『기신론이장장起信論二障章』이 있다. 이렇게 해서『기신론』주석은 총 일곱 가지가 있었으나 현존하는 것은 두 가지다. 아래『이장의二障義』가『기신론이장장』과 같은 책이라면『기신론』관련 책으로 현존하는 책은 세 가지가 된다.

다음으로『이장의二障義』(1권 1책)는 그 내용이『기신론』과 밀접한 관계를 맺고 있어서 이름으로만 전하는『기신론이장장起信論二障章』과 같은 책일 것으로 추측하는 학자도 있다.

이 책은 수행 중에 나타나는 번뇌장煩惱障과 소지장所知障의 두 장애를 해설한 것이다. 내용은 (1)명의를 해석하고(釋明) (2)체상을 논하고(出體) (3)장애의 공능을 말하고(明障功能) (4)제문의 상섭을 밝히고(明諸門相攝) (5)다스려 끊음을 밝히고(明治斷) (6)총괄하여 결택함(總決擇), 여섯 부분으로 나누어져 있다.

다음으로 신비에 싸여 있으면서 아주 유명한 『금강삼매경론金剛三昧經論』(3권)이 있다. 이 책은 『금강삼매경』에 대한 주석이다. 『금강삼매경』은 그 산스크리트 본이 없고, 원효의 『금강삼매경론』을 통해서만 전해지는 책이다. 전해지는 설화에 따르면, 이 책은 히말라야의 아가타 영약보다 효험이 좋은 것이라 하며 서해 용궁의 용왕이 신라 사신에게 준 것으로, 바다에서 젖지 않도록 허벅지에 넣어 가지고 온 책이다. 이 때문에 학자에 따라 산동성 부근에서 찬술된 것으로 추측하기도 한다. 또 30여 장의 종이뭉치로 준 경이라 그 순서를 신라의 대안大安이 맞춘 것이라 하는데, 이 때문에 대안의 작품으로 보기도 한다. 혹은 혜공惠空이 지었을 것이라 추측하기도 하고 원효가 지은 것이라 추측하기도 한다. 어쨌든 당시 이 책을 이해하고 그 순서를 정한 이는 대안이라 전하며 이를 이해하고 설명할 만한 사람이 원효뿐이었다고 한다. 원효는 이 경에 대해 처음에 5권의 소를 지었으나, 어떤 박복한 이에게 도난당하고 새로 3권으로 약소略疏를 지었고 이것이 현존하는 『금강삼매경론』이다. 이 경은 본각本覺과 시각始覺의 이각二覺을 종宗으로 삼고 있으니, 두 뿔 달린 탈 것(각승, 角乘)을 달라고 하

고 그 사이에 붓과 벼루를 두고 지었다고 한다. 이각二角은 본
각本覺과 시각始覺의 상징으로 이각二覺이 원통하여 보살행을
실천하는 것을 상징한다. 이 논은 중국 남북조시대로부터 당
나라까지 중국불교에서 제기되었던 교리를 고루 싣고, 이러한
모든 교설들을 회통하였다. 또 이 책은 중국의 선불교 형성에
많은 영향을 미쳤다는 것이 정설이다. 원효가 지을 때 스스로
소疏라 불렀는데, 당나라로 전해져서 논論으로 그 이름이 격
상되었다. 논으로 불리는 책이름은 보살이 지은 것이 아니고
서는 얻을 수 없는 이름이다. 달마대사의 『이입사행론理入事行
論』이 후대의 위작으로 드러났는데, 『이입사행론』을 이 『금
강삼매경론』에 나오는 이입理入과 행입行入의 이입二入과 관
련한 내용을 보고 지은 것이라 추측하는 학자도 있다. 이 책은
일본으로도 진해져 일본불교에도 많은 영향을 미쳤다고 한다.
이 책 맨 앞의 대의문大意文은 명문名文 가운데 명문이다.

　　다음은 『열반경종요涅槃經宗要』(2권 1책)다. 이 책은 국내에
전체가 현존하지 않으며 1124년 5월 24일 누군가에 의해 필
사된 필사본 1책이 일본 린노지輪王寺의 보물전寶物殿에 소장
되어 전한다. 필사본은 대체로 완벽하게 보존되었으나, 79-80
쪽 윗부분에 손상이 있어 몇 글자들은 전해지지 않고 있다. 그
리고 『동문선』 제83권에 「열반경종요서涅槃經宗要序」가 전해
온다. 이 책은 『열반경』에 대한 논문으로 열반론과 불성론을
담고 있다. 이 책에서 원효는 열반종과 법상종 화엄종을 모두
고려하고 있다고 평가된다. 또 『열반경』에서 '일천제의 불성

유무에 대한 4구' 해석에서 혜원과 지엄을 고려하면서도 독창적 해석이 돋보인다. 특히 원효는 이 책 전체에 걸쳐 독특한 해석 방법론을 가지고 있다. 부처님 말씀을 담은 다양한 불교 전적들은 열반의 고요함의 본래 뜻이 다양하게 펼쳐진 것으로 서로 어긋나지 않는 것으로 보고 '하나도 아니고 다르지도 않은' 화쟁적 해석을 잘 드러낸다. 이와 같은 통찰을 가능하게 하는 것은 스스로 열반의 눈을 가져 길이 없으면서 길 아닌 것이 없음을 알고 실천하는 것이다. 내용은 대의大意를 간략히 말하고, 다음으로 넓게 분별하였다. 즉 (1)인연문因緣門 (2)열반문涅槃門과 불성문佛性門 (3)가르침의 체를 밝힘(明教體) (4)교판教判에 대한 비판인 교적教迹. 이렇게 4문으로 크게 나누어 설명하였다.

다음은 『법화경종요法華經宗要』(1권)이다. 『법화경』의 종지와 대요를 논하였다. 원효의 저술 가운데서도 간단명료하게 해설한 대표적 역작이라고 하는 저술이다. 그 내용의 구성은 (1)대의를 서술함 (2)경의 종지를 판별함 (3)말의 쓰임을 밝힘 (4)경의 제목을 해석함 (5)경전 가운데 차지하는 위치 (6)경문의 뜻을 해석함. 이렇게 6문으로 분별하여 설명하였다.

다음은 『대혜도경종요大慧度經宗要』(1권)이다. 이 책은 반야의 중요한 뜻을 서술하였다. 반야를 실상반야實相般若와 관조반야觀照般若의 둘로 나누어 설명하였다. 여래장如來藏이 곧 실상반야라고 하였다. 그 내용의 구성은 (1)대의를 서술함 (2)경의 종지를 나타냄 (3)제목을 해석함 (4)경을 설한 연기를 밝힘 (5)경전 가운데서 차지하는 위치 (6)경문을 해석함. 이렇게 6문으로 설명하였다.

다음은 『미륵상생경종요彌勒上生經宗要』(1권)이다. 이 책은 『미륵상생경』의 대의와 총지 및 이 경이 대승과 소승 어디에 속하는지를 밝혔다. 다른 미륵경전들과의 관계 및 이 경의 몇 가지 내용상의 문제도 해설하였다.

다음은 『보살계본지범요기菩薩戒本持犯要記』(1권)가 있다. 이 책은 대승보살계大乘菩薩戒를 설한 경전들을 섭렵한 뒤 대승윤리관을 제시하기 위하여 저술한 계율 해설서다. 특히 『달마계본達磨戒本』을 중시하여 의지하였다. 원효는 이 저술의 의도를 밝히면서 "스스로에 대한 경책으로 삼기 위하여 이 책을 짓는다"고 하였다. 다음은 『발심수행장發心修行章』(1권)이다. 이 책은 처음 출가한 수행자를 위하여 발심에 관해 지은 글이다. 이 책은 불교전문강원의 사미과沙彌科 교과목의 하나고, 수행인의 필독서다. 지눌知訥의 『계초심학인문誡初心學人文』, 야운野雲의 『자경문自警文』과 함께 『초발심자경문初發心自警文』이라는 이름으로 많이 보급되어 있다. 다음은 『대승육정참회大乘六情懺悔』(1권)이다. 참회는 지은 죄업에 대하여 용서를 구하며(懺) 뉘우치는 일(悔)이다. 참회법에는 몸과 말과 뜻으로 죄업을 뉘우치는 사事참회와 죄업의 실상을 관하여 뉘우치는 이理참회가 있다. 여기서는 이참회를 통해 죄업의 공성을 믿고 알아 그 실상을 사유하여 육정(六情: 안이비설신의)의 방일을 참회함으로써 업식을 소멸하고 일체의 경계는 일심임을 깨닫는 법을 설하고 있다.

다음으로 『아미타경소阿彌陀經疏』(1권)가 있다. 이 책은 『아미타경』을 3문으로 나누어 설명한다. 그 대의大意는 중생들의 심성은 상相이나 성性을 떠난 것으로서 바다와 같고 허공과 같다는 내용과 동정動靜은 다 한바탕 꿈과 같아서 깨닫고 보면 예토와 정토는 본래 일심이며 생사와 열반도 궁극적으로는 둘이 아니라는 일심정토 사상을 밝히고 있다. 이 소는 경의 뜻에 따라 칭명염불을 중심으로 다룬다. 이 소에 따르면, 칭명염불도 일체중생이 일심의 바다에 나아갈 수 있도록 펼쳐 보이신 부처님의 대자비 방편이다.

다음으로 『무량수경종요無量壽經宗要』(1권)가 있다. 일심사상으로 중생심성衆生心性과 정토의 인과를 논하였다. 정토는 마침내 돌아가야 할 일심一心의 세계라는 점과 정토에 왕생하는 인因으로써 보리심정인菩提心正因 등을 밝혔다. 전체를 대의大意, 경지종치經之宗致, 약인분별約人分別, 취문해석就文解釋의 네 부분으로 나누었는데, 마지막 취문해석은 전하지 않는다. 이 『무량수경종요』는 정토사상을 전반적으로 다루었으며, 특히 상배와 중배의 관행觀行을 해설한 부분은 관상염불을 말하는 것으로 주의 깊게 살펴볼 필요가 있다.

마지막으로 「미타증성계彌陀證性偈」 3게송이 있다. 이것은 아미타불阿彌陀佛을 칭송한 7언 8구의 3게송이다. 제1게는 아미타 부처님의 발심, 제2게는 서원으로 고려 말 보조국사普照國師의 「법집별행록절요병입사기法集別行錄節要並入私記」에 전한다. 제3게는 성품을 증득하고 중생을 위하여 본원력을 회향하는 과정을 읊었는데 보조국사 지눌(知訥, 1158~1210)의 수선사修禪社와 양대 산맥을 이루던 백련사白蓮社의 개조 요세(了世, 1163~1245)의 비문에 전한다. 요세는 보살도를 실천하는 선오후수문先悟後修門을 밝힌 것이라 하였으며, 입적入寂 시에 미타증성게를 불렀다고 전한다.

부분적으로 전해지는 저술들

두 번째로 일부분만 남아 있는 저술을 소개하겠다. 원효의 저술 가운데 일부분 혹은 단편만 남아 있는 것이 12종 가량이다. 목록은 아래와 같다.

칫째로 꼽을 수 있는 게 『화엄경소華嚴經疏』 전 10권 중 1권이 남아 있다. 전체 10권 가운데 서문과 제3권 『여래광명각품如來光明覺品』만 남아 있다. 대본으로 삼은 것은 진역晉譯 60권 본이다. 이 책은 일심一心과 요익중생饒益衆生 곧 원효의 근본 사상이 전편에 깔려 있으며, 원효의 대표작이라 할 수 있다. 그의 가장 마지막 작품으로 꼽히기도 한다.

『판비량론判比量論』 1권 중 일부, 발문이 남아 있다. 인명삼량因明三量 가운데 비량比量의 형식을 통하여 유식唯識의 교설을 판론判論한 저술이다. 원래 25장으로 되어 있었으나 현재 전하는 것은 후반부의 19장 105행 정도이다. 전체가 일련번호 순서로 되어 있었다. 7에서 14까지와 그 뒤에 발견된

10행 가량이 남아있어 내용의 개요를 알 수 있다. 이 책은 불교의 인명론 즉 인식론과 논리학의 체제상에 있어서 매우 중요하며 원효의 중심사상인 화쟁사상을 새로운 측면에서 볼 수 있는 중요한 저술로 평가된다. 앞에서도 언급했지만 아주 중요한 책이다.

『십문화쟁론十門和諍論』은 2권 중 일부가 남아 있었는데, 현재는 거의 원형에 가깝게 복원된 것으로 평가받는다. 불교의 모든 이론을 모아서 10문으로 분류하여 정리한 원효사상의 총결산적인 저술로도 평가된다. 원문은 상권 9, 10, 15, 16의 4장과 불분명한 1장만 해인사에 남아있다. 전체 구성은 대개 이렇게 본다. (1)삼승일승화쟁문三乘一乘和諍門 (2)공유이집화쟁문空有異執和諍門 (3)불성유무화쟁문佛性有無和諍門 (4)인법이집화쟁문人法異執和諍門 (5)삼성이의화쟁문三性異義和諍門 (6)오성성불의화쟁문五性成佛義和諍門 (7)이장이의화쟁문二障異義和諍門 (8)열반이의화쟁문涅槃異義和諍門 (9)불신이의화쟁문佛身異義和諍門 (10)불성이의화쟁문佛性異義和諍門. 이와 같이 10문으로 구성되었다. 원효는 여기서 자신이 저술한 의도를 "백가의 주장을 어울리게 하여 한 맛의 법의 바다로 돌아가게 한다"라고 밝힘으로써 화쟁의 목적과 논리를 나타내었다.

『영락본업경소瓔珞本業經疏』는 총 3권 중 서문과 하권이 남아 있다. 『보살영락본업경菩薩瓔珞本業經』에 대한 주석서다. 원래는 3권이었는데 현재 서문 하권의 현성학관품賢聖學觀品, 제9관심품關心品부터 불모품佛母品, 인과품因果品 등이 남아 있다. 원효의 보살윤리에 관한 사상을 나타낸 책이다. 특히 원효는 다툼(諍)을 말하고, 다툼이 없는 것(無諍)으로 부처의 본질을 삼았다. 화쟁의 특징을 파악하는 중요 자료가 된다.

『해심밀경소解深密經疏』는 총 3권 중 서문이 남아 있다. 이 책은 유식학唯識學의 근본 경전인『해심밀경』의 해설서다. 원효의 유식사상을 자세히 살필 수 있는 중요한 책인데 서문序文만 남아 있다.

『중변분별론소中邊分別論疏』는 총 4권 중 권3이 남아 있다. 불교 유식학唯識學 관계 논서인『중변분별론』의 해설서다. 본래 인도의 승려로서 섭론종의 개조인 진제(眞諦, 499~569)가 한역한『중변분별론』에 의지해서 주석하였다. 진제의 2권본은 상품相品, 장품障品, 진실품眞實品, 대치품對治品, 수주품修住品, 득과품得果品, 무상품無上品 등의 7품으로 분류되어 있으나, 원효의 소는 대치품, 수주품, 득과품만이 현재에 전한다. 유식사상에 기초하면서 여러 경과 논을 인용하여 간명하고 조직적으로 해설한 책이다.

『범망경보살계본사기梵網經菩薩戒本私記』는 2권 중 권상이 남아 있다. 이 책은 불교의 계율에 관하여 해설한 것이다. 원래 상하 2권이었는데 권하는 없어지고 권상만 남아 있다. 여기에는 보살계본의 처음부터 십중금계十重禁戒의 끝까지 수록되어 있어 원효의 다른 계율관계 저서와 비교할 때 현행되고 있는 계율의 핵심 부분을 다루었다고 할 수 있다.

그 외의 저술들

위 책들 외에 『반야심경소』 『승만경소』 『금광명경소』 「무애가」 등이 단편적으로 남아 있다. 정토경전류는 『무량수경종요』 『아미타경소』 「미타증성게」가 온전히 남아 있다. 종요는 일본에서 보존되다가 뒤늦게 알려졌다. 이 셋만으로도 내용이 풍부하여 원효의 정토관을 이해하기에 충분하다. 『유심안락도 遊心安樂道』가 있지만 이것은 원효가 직접 저술한 것이 아니라고 한다. 그러나 원효의 사상과 동일하거나 유사한 내용이 많기 때문에 원효의 정토사상을 이해하는 데 유익하다.

원효는 젊은 시절에 도당유학을 단념하고 국내에 머물렀으나 그의 학문과 사상은 국경을 넘어 중국, 일본, 인도로 멀리 세계화되었다. "문밖을 나가지 않아도 천하를 알았다"고 한 노자老子처럼, 평생 독일의 자기 고향을 떠나지 않았으면서도 프랑스 파리 시내 골목길까지 훤히 알았던 칸트(Immanuel Kant, 1724~1804, 독일의 철학자)처럼, 그는 문밖을 나가지 않고 깨달음을 얻었고 능히 세계를 알았다.

원효철학의 추측적 기원

상고시대로부터 아주 오랫동안 입에서 입으로 전해지는 건국신화인 '단군신화檀君神話'와 그 이야기에서 보이는 홍익인간弘益人間의 이념은, 신라 시대 원효의『기신론起信論』주석에 보이는 홍익중생弘益衆生과 유사하다. 이 둘은 각각의 어떤 존재 지혜의 전통으로부터 길어져 나온 것인가? 고려 시대의 일연(一然, 1206~1289)이 그의 책『삼국유사三國遺事』첫머리에 '단군신화'를 기록하며 '홍익인간'을 기술하고 있다. 여기에는 단군신화 이야기를 통해 흐르는 어떤 지혜 전통이 있다고 볼 수 있다.

원효철학은 대승불교적 전통 속에서 이를 실현하는 고대 한국철학적 지혜다. 불교는 '모든 존재가 괴로움을 벗어나 즐거움을 얻는 것' 즉 이고득락離苦得樂을 목표로 한다. 대승불교에서는 존재하는 모든 것이 똑같이 불성을 가지고 있으며 깨달음을 얻어 행복할 가능성을 가지고 있다. 그러나 대승불교적 전통을 신라에서 원효가 고유하게 꽃피울 수 있었던 것은 그것을 이해하고 꽃 피울 수 있는 한국 고유의 지혜 전통 속에 원효가 있었기 때문이다. 혜공이나 대안, 혜숙과 같은 인물들은 바로 토속적인 벌거숭이 승려였다. 원효의 후반기는 이들과의 교유 영향이 컸다. 이런 주장에 대해서는 실증주의적 접근이 어렵다. 그렇지만 칸트가 「인류사의 추측적 기원」 (1786)을 당시 역사의식과 문제의식 속에서 말하듯이, 원효철학의 추측적 기원을 우리 식으로 우리 문제의식 속에서 생각할 수 있다. 단군신화에서의 홍익인간의 이념이 원효의 홍익중생의 이념과 동일한 불교적 자비의 전통에서 해석된 고대 한국의 고유한 지혜 전통에 대한 표현임을 우리 모두가 받아들일 수 있다고 생각한다. 아직 한국의 불교학계에서는 일반적으로 이점에 대해 주목하고 있지는 않다.

은정희는 원효의 화쟁 정신이 베다 사상(Vedism)에서 찾을 수 있고, 부처가 실천을 중시하는 데서 그 싹이 나타나 1200여년 불교 역사 속에서 면면히 이어져 오다가 원효에 이르러 화쟁 정신으로 시대적으로 재현 내지 재창조된 것으로 본다.[6] 김영호는 원효의 화쟁이 인도의 나가르주나(Nāgārjuna, 龍樹, 150?~250?)의 회쟁廻諍이나 중국의 무쟁無諍 전통과 다르며 고유하다고 보지만 그 고유성의 기원에 대한 언급이나 연구는 없다.[7] 또 불교사학자나 불교학자들은 대개 676년 삼국통일이 될 때까지의 피비린내 나는 전쟁 등이 원효철학에서 특히 화쟁 사상에 많은 영향을 주었을 것으로 추측하는 것이 지배적이다. 이처럼 은정희나 김영호 등 이제까지의 현대 학자들은 원효철학의 기원을 불교사적 기원이나 당시 정치나 사회상황으로부터 찾았고 전통적 기원에서는 찾지 않았다. 하지만 단군조선으로부터 전해온다는 대감굿과 신라의 화백회의 전통에서 원효철학에 내재된 고유한 성격의 기원을 찾을 수 있다고 생각한다. 다음에서 단군조선으로부터 전해온다는 대감굿과 신라의 화백회의의 성격을 알아보고 원효철학의 추측적 기원을 밝히고자 한다.

대감굿과 합좌제도

화백회의는 원시부족연합국가가 성립하며 생긴 것이다. 그 기원은 단군조선까지 거슬러 올라간다. 오늘날까지 남아 있는 대감굿이 바로 화백회의의 원형적 모습을 보여준다. 대감굿은 신시시대 신시神市에서 벌인 의사결정형식을 보여주며, 대감굿을 만든 목적을 노중평은 다음과 같이 생각한다. 첫째, 단군조선에서 신시를 열고 화백회의和白會議를 했을 때, 의사결정 수단으로 활용하였을 것이다. 둘째, 당시의 경제체제인 호혜경제의 운영방식을 각 부족에게 주지시키기 위해 교육용으로 활용하였을 것이다. 대감굿은 호혜경제시대에 단군조선에서 신시나 국중대회國中大會를 열고 시행해 분배의 원칙을 그대로 시연해 보인 것이다.[8] 신시 아사달에서는 호혜경제시대로서 이익이 발생하지 않는 물물거래를 하였다. 단군왕검은 당시의 천제天祭인 국중대회를 주관하면서, 대감굿을 하며 대회에 쓸 비용을 각 부족의 대표에게서 추렴하였다. 굿은 이미 신시가 발달했던 배달나라시대로부터 이어져 오는 신시의 전통적인 의사결정방식이었다. 배달나라에서는 이를 화백和白이라고 하였다.[9]

고구려·백제·신라 삼국은 모두 합좌제도合坐制度에 의해 정치가 행해졌다. 예를 들면 고구려에서는 수상인 대대로大對盧를 국왕이 임명한 것이 아니라 귀족들이 선출하였다. 뿐만 아니라 제5관등인 조의두대형皁衣頭大兄 이상이 국가의 기밀사무를 맡아 국정의 중대사를 도모하였으며, 병사를 징발하여 관작官爵을 주기도 했다. 백제의 경우 수상인 상좌평上佐平을 투표로 선거했다는 이른바 정사암政事巖의 고사故事가 전하고 있다. 이러한 것들은 고위 귀족들의 합좌제도를 알려주는 것이다. 이러한 합좌제도를 가장 분명하게 알려주는 것이 바로 신라의 화백和白이다.

신라의 화백회의

신라 화백회의는 원시부족연합국가가 성립하면서, 처음에는 경주 부근의 6촌村 사람들이 모여 이 6부의 단합과 결속을 위해 만든다. 원시부족국가인 사로국에서 왕권 국가인 신라로 되면서, 뒤에는 진골眞骨 이상의 귀족이나, 벼슬아치의 모임으로 변하여, 점차 일종의 군신君臣 합동회의, 귀족회의, 또는 백관百官회의의 성격을 띤다. 화백회의에서 왕위 계승이나 국왕의 폐위, 대외적인 선전포고, 그 밖에 불교 수용과 같은 국가의 중대한 일들이 결정되었다. 화백회의는 한 명의 반대자가 있어도 의안議案이 통과되지 않는, 전원일치로 성립되는 회의 체제다.[10] 국가의 중대사에 참여자 전원의 의견을 수렴해 결정하는 화백회의의 정신은 후일 고려 시대의 도당회의都堂會議인 도병마사(都兵馬使, 都評議使司)회의에서도 볼 수 있다.

재야문화인류학자인 김영래는 화백회의를 복원해 2004년 10월 15일부터 3일 동안 지리산 실상사에서 '2004 생명평화대회'에서 선보였다. 여기서 보인 회백회의 의사결정은 다음과 같은 특징이 있다. 첫째, 의견을 골고루 반영한다. 즉 소수의 의견도 고스란히 반영한다(고루함). 둘째, 주장들 간의 극단적인 대립을 피하고 두루한다(두루함). 셋째, 타협과 양보를 쉽게 해 어울린다(어울림). 넷째, 발언이 독점되지 않는다. 화백회의의 특징은 오늘날에도 보기 드문 평등이 실현된다는 점이다.

화백회의의 진행절차에서 보이는 의사결정 과정의 독특함을 소개하면 다음과 같다. 모든 회의는 의견을 성숙시키는 과정과 결정하는 단계가 있다. 화백회의는 말발을 실어주거나 빼내는 과정을 통해 토론이 이루어지고 의견이 성숙되는 과정을 거친다. 화백회의에서의 의사결정은 다수결이 아닌 말발의 상호상쇄로 하나의 의견으로 나아가 만장일치로 결정한다. 화백회의를 하면 의견 차이 때문에 갈라서는 일이 없다. 화백회의 원칙을 통해서는 감정 상하는 일이 없다. 화백회의는 의견을 내는 순간 '내 의견'이라는 소유관념이 없다. '나'와 '내 의견'을 고집하거나 집착하지 않는다. 화백회의 장소도 신령스런 장소에서 이루어진다. 참석자들은 의견을 내면서 각자 자신도 없고 자신의 의견도 없다. 이때의 상태가 일심一心의 상태와 유사하다.

나는 화백회의에서 보이는 고루하고 두루하고 평등하고 하나로 어울리는 화백정신의 전통을 몸소 겪었을 원효가 이를 불교라는 외래종교를 내면화하며 소화하고 체득·체오하면서 불교경전을 주석하고 이해하는 틀로 그의 불교철학을 완성했다고 생각한다. 따라서 원효철학 유래의 한 축이 화백이라 생각한다. 화백의 만장일치는 그저 하나의 의견으로 통일시키기만 하는 것이 아니다. 모든 의견들을 고루 내고 그 의견들을 두루 아우르는 신성한 합의로서의 한 마음이 되는 것이다. 모든 의견들은 다 마땅함을 가지고 있다. 모든 의견들은 모순되어 보일지라도 그 모든 의견들은 다 신성한 하나의 큰 뜻에 맞게 나온 것들로서 허락되지 않는 것이 없다. 그래서 통하지 않는 것이 없고 모두가 받아들이고 이해할 수 있는 조화와 통일을 이끌어내지 않을 수 없다. 그것이 화백의 만장일치다. 원효의 철학도 이와 다르지 않다. 원효가 '불교의 모든 법문들이다 이치가 있으며, 다 이치가 있으므로 모두 허락되지 않음이 없고, 허락되지 않음이 없기 때문에 통하지 않는 것이 없다'[11]고 하거나, "뭇 경전의 부분을 통합하여 온갖 흐름의 한 맛으로 돌아가게 하고, 부처 뜻의 지극히 공변됨을 열어 다양한 학파의 다른 주장들을 어울리게 한다"[12]는 언설은 불교적 보편성과 전통적인 지혜의 고유성이 잘 드러난 표현이라고 생각한다.

원효철학이 고대 및 신라의 화백和白 전통에 그 기원을 둔 것이란 생각을 검토하였다. 물론 이에 대한 논증은 앞으로 더 연구되어야 할 것이다.

원효, 깨달음을 얻다

원효의 행적 가운데서 특히 눈길을 끄는 것은 아무래도 그의 깨달음에 관한 것이다. 두 차례에 걸쳐 입당入唐 유학을 시도했던 그가 두 번째 유학길에서 문득 스스로 크게 깨닫고 발길을 돌렸다. 원효는 34세 때 당나라에 유학하기 위해 의상(義湘, 625~702)과 함께 압록강을 건너 요동까지 갔다가 그곳 순라꾼에게 잡혀 뜻을 이루지 못하고 되돌아 왔다. 백제 사비성이 함락된 이듬해이기도 했던 661년(문무왕 원년) 그의 나이 45세에 다시 역시 의상과 함께 이번에는 해로海路로 해서 당나라로 가기 위해 당주계唐州界로 향했다. 최근 연구에서는 한차례에 고구려 육로를 통해 당나라로 가려다 실패하고 다시해로를 통해 당나라로 가려 한 것이라 하기도 한다. 어쨌든 해로를 통해 당나라로 가기 위해 항구에 도착했을 때, 이미 어둠이 깔리고 갑자기 거친 비바람을 만나 한 땅막에서 자게 되었다. 아침에 깨어났을 때 그곳은 땅막이 아닌 옛 무덤 속임을 알았지만 비가 그치지 않아 하룻밤을 더 자게 되었다. 그날 밤 원효는 동티(귀신의 장난)를 만나 잠을 이룰 수 없었고, 이는 곧 그에게 큰 깨달음의 한 계기가 되었다.

"어젯밤 잠자리는 땅막이라 편안했는데, 오늘밤은 귀신의 집에 의탁하니 매우 뒤숭숭하구나. 알겠도다! 마음이 일어나므로 갖가지 현상이 일어나고, 마음이 사라지므로 땅막과 무덤이 둘이 아님을. 삼계(三界: 욕계·색계·무색계)는 오직 마음이요, 만법은 오직 인식일 뿐이다. 마음 밖에 현상이 없는데 어디서 따로 구하겠는가? 나는 당나라에 가지 않겠다!"13)

그는 지난 밤 잠자리가 땅막이라 여겨 편안했는데, 오늘밤 잠자리는 귀신의 집이므로 이처럼 편안치가 못함을 확인하였다. 이어 '마음이 일어나면 갖가지 법(현상)이 일어나고 마음이 사라지면 땅막과 무덤이 둘이 아님'을 깨달았다. 그래서 원효는 "삼계三界가 오직 마음이요, 만법萬法은 오직 인식일 뿐이다. 마음 밖에 법이 없는데 어찌 따로 구할 것이 있으랴. 나는 당나라에 가지 않겠다!"하고 다시 신라로 되돌아 왔다. 마음 밖에 법이 따로 존재하지 않는다는 사실, 이는 곧 진리다. 진리는 당나라에 있는 것이 아니라, 자신의 마음속에 있는 것이다. 그렇다면 왜 당나라에 굳이 가야하는가? 그는 이처럼 인간의 내면에 간직되어 있는 마음의 본질을 꿰뚫어 보고, 또한 고대 한국인으로서 주체적인 자각을 이루는 계기가 된다. 원효의 이 같은 깨달음은 후대 사람들에 의해 더욱 극적으로 각색되어 흥미를 더해주고 있다. 그가 무덤 속에서 해골에 담긴 물을 마시고 깨달았다는 유명한 이야기다.

우리는 이 이야기 속에서 고대 한국인의 주체성, 그리고 이로부터 확장해간 그의 철학적 보편성과 세계성에 더욱 주목해야 한다. 젊은 시절부터 장년의 나이에 이르기까지 열렬하게 당나라로의 유학 꿈을 품어 온 원효가 한 순간에 깨달음을 얻고 발길을 돌려 신라로 돌아온다. 그 후 그는 더욱 치열한 수행과 함께 불교학 연구도 깊어져 수많은 유명한 저술을 남긴다. 특히 김성철과 김상일은 『판비량론』이 인도의 진나와 중국의 현장 인명학의 오류들을 비판하며 인명학의 최고봉으로 평가하며, 현대에 괴델의 불확정성의 원리라든가 칸트의 이율배반과 같은 논리와 견주는 오래된 현대 이론으로 연구하였다.[14] 뿐만 아니라 혜공, 혜숙, 대안과 같은 이들로부터 가르침을 받고 무애가를 부르며 무애춤을 추면서 천촌만락을 누비고 대중교화에도 몰두하였다.

일심 : 한 마음

　일심一心은 그 이름에서 볼 수 있듯이 마음과 관련이 있다. 안으로 마음을 들여다보고, 들여다보는 마음도 또 보고, 다음으로 동시에 그 마음과 대응 또는 융통하는 세계를 보아 그 전체를 관통하는 하나를 맛보는 것과 관련이 있고, 이는 삶의 지혜와 연관이 있다. 일심은 세계의 배후나 궁극적 근원을 나타내는 서양적 개념의 실체라고 볼 수 없지만, 서양 전통에서 깊이 들여다 본 것과 근원적으로 통하는 면이 있을 것이다.

　서양에서는 그 시대마다 존재를 비은폐성(알레떼이아), 자연(피지스), 헤라클레이토스나 알렉산드리아 필론이나 그리스도교의 로고스, 아낙시만드로스의 무규정성(아페이론), 파르메니데스의 하나(헨), 플라톤의 이데아, 본체(우시아), 아리스토텔레스

의 에네르게이아로 표상하거나 또 토마스 아퀴나스의 순수존
재현동純粹存在玄動, 데카르트의 무한자, 헤겔의 절대정신, 니
체의 힘에의 의지 등등으로 표상해왔다.[15]

존재에 대한 그 시대마다의 이와 같은 이해는 존재가 열어
밝혀져 있으면서 늘 감추어져 있다는 것을 나타낸다고 해석하
도록 해준다. 늘 감추어져 있다는 것은 시대마다 철학자들마
다 존재로 표상해온 것들이 각기 다른 말들로 드러나지만 이
말들을 표상하도록 해주는 그것은 드러나 있지 않다는 의미
다. 그리고 열어 밝혀져 있다는 것은 시대마다 철학자들마다
존재로 표상해온 것들이 각기 다른 말들로 드러나 언제나 표
상되고 있는 바, 즉 존재가 늘 밝혀져 있다는 의미다.

하이데거는 존재자의 존재는 늘 열어 밝혀져 있으면서 스
스로 감추고 있다고 한다. 그는 존재는 늘 침묵 속에서 그 시
대마다 어디서나 언제나 그 시대의 부름 속에서 그때마다 드
러나기를 기다리고 있으면서 동시에 다양하게 그 부름에 응답
하고 있다고 한다. 존재는 시대마다 철학자들마다 다르게 표
상되어 온 바 그 모두를 총섭하면서도, 여전히 감추어져 있다.
그러나 존재를 시대마다 철학자들마다 표상해온 그 말들은 모
두 각각 존재를 표상하는 바, 늘 밝혀져 있다. 이것은 원효의
이야기와도 닿아있다. 그러나 김형효도 일심은 궁극적 존재나
단일적 실체와 같은 개념이 아니며, 오늘날 서양의 학문적 개
념에 기대어 일심을 이해하는 것은 경계되어야 한다고 한
다.[16]

원효는 『기신론』주석의 체體·상相·용用 삼대三大의 설명에서, 일심이문의 진여문내에 체體를 두고 생멸문내에는 자체自體를 둔다. 또 진여문내에 용을 두지 않으며 생멸문내에 용을 둔다. 일심 안에서 실체와 유사한 개념이 각각 다루어진다. 일심은 현상의 측면과 실체의 측면을 모두 지니며 양 측면을 총섭한다. 서양철학의 실체개념과 대응해서 이해하면 놓치는 것이 많다. 원효는 서양철학과 다른 개념 구성 체계의 전통을 가지고 있다. 그러므로 원효의 설명 방식으로 원효를 읽어야 한다. 오늘날 학교에서 서양철학의 개념들도 도식적으로 암기하고 있다면 그것 또한 경계해야 한다. 어떤 중요한 이론을 이해하려고 할 때 어떤 이해의 틀을 가지고 다른 개념을 등가적으로 배대해 이해하려 한다면 이해를 구겨 넣는 꼴이 되어서 그 이해에는 반드시 왜곡이 일어날 것이다. 해석학적으로 해석자의 해석의 자유는 원전의 원저자 의도를 일차적으로 최대한 이해한 이후에 자유로워야 한다고 생각한다. 그러므로 우선 원전 그 자체의 이해를 깊게 하는 것이 중요하다. 그 자체로 이해될 때, 그 차이와 동일성이 저절로 드러날 것이고 해석의 자유도 가치가 있는 것이라 생각한다.

원효는 여래가 설한 일체법문의 근본 뜻이 바로 일심이문一心二門이라고 한다. 이 이문일심 혹은 일심이문 안에 어떤 하나의 법이나 뜻도 포함되지 않는 것이 없기 때문이라는 것이다.[17] 그렇다면 일심이문이란 무엇인가?[18] 이 내용을 알아보기 전에 하나 생각해 볼 것이 있다. 정영근은 일심이문이 아니라 이문일심이라고 할 때 원효사상의 특징이 더 잘 드러난다고 본다. 이문일심이라고 할 때 현실의 차별성에 대한 관심이 더 잘 드러나며, 이문이라는 서로 다른 것들 사이의 화쟁이 어떻게 가능한가의 방법을 명시할 수 있으며, 중국 화엄 사상과의 연관성도 드러낼 수 있다고 본다.[19] 원효철학이 현상학적임을 감안할 때 정영근의 생각은 중요하다. 일심이문이라 할 때는 발생론적 기술이고 이문일심이라 할 때는 현상학적 기술로 보인다. 이 점을 받아들인다면 이문일심이라 하든 일심이문이라 하든 나의 지금 설명에서는 문제가 되지 않는다. 그러면 이문일심 혹은 일심이문이 무엇인지 알아보자.

원효는 이문일심 혹은 일심이문을 설명하면서, 일一과 이문二門 그리고 심心 모두가 서로서로 연결되어서 일어나 구분되면서도 독립적으로 구분하기 어려운 개념이라 설명한다. 즉 '서로 여의지 않으면서도 서로 섞이지도 않는다不相離不相雜'고 설명한다. 원효는 일심이 인연因緣의 측면에서 세간법과 출세간법의 일체를 포괄한다고 한다. 그리고 일심의 이문 즉 진여문眞如門과 생멸문生滅門이 해석解釋의 측면에서 모두 각각 일체법을 총섭한다고 한다. 여기서 알 수 있듯이, 두 문은 분리된 것이 아니라 겹쳐져 있어 서로 여의지 않는 개념이다. "(더럽고 깨끗한) 염정染淨의 모든 법이 그 본성이 둘이 없으니 진망眞妄의 이문二門이 다름이 있을 수 없다."[20] 마음에 비치는 세상사의 경계 일체를 가장 단순화해서 더러운 것과 깨끗한 것으로 나누어볼 수 있는데, 그런 더러운 것과 깨끗한 것 모두 그 본성이 따로 독립적으로 있는 것이 아니어서 참되다느니 거짓되다느니 하는 이분법적 경계의 두 문이 다른 문이 아니라는 것이다. 그렇기 때문에 '일一'이라고 한다. 차별적 세계, 이분법적 세계는 이제 동근원적인 세계로 둘일 수 없기 때문에 일一이라고 한다는 것이다. "이 둘이 없는 곳이 모든 법 가운데에 실實한지라 허공虛空과 같지 아니하여 본성이 스스로 신해神解하기 때문에 심心이라 이름한다."21) 이 둘이 없는 곳, 차별이 없는 곳, 고요와 침묵만이 있는 곳이 어디에나 두루 펼쳐져 있다. 그래서 "이 둘이 없는 곳이 모든 법 가운데 실하다"고 하는 것이다. 두루 꽉 차 있으니 텅 빈 허공과 같지 아니하고, '성품이 스스로 신령스럽게 이해'하기 때문에 '심'이라고 한다. 이와 같은 설명의 말은 말을 여의고 생각을 끊은 도리의 설명이다. 이런 설명은 말과 생각을 끊은 경계로의 도약을 요구한다.

원효는 둘이 없으므로 하나도 있지 않으며, 하나도 있지 않으므로 마음이라고 말할 것도 없지 않느냐고 스스로 물으면서 무엇이라고 할지 모른다고 스스로 고백한다. 그러나 원효는 여기서 설명을 멈추지 않고, 억지로 이름을 붙인 것이 일심이라고 설명한다. 원효에 따르면, 일심은 일체법의 무생무멸無生無滅한 본래 고요한 경계다. "모든 정상에 고요함이 있다"는 횔덜린(Johann Christian Friedrich Hölderlin, 1770~1843, 독일의 시인) 시구절을 하이데거(Martin Heidegger, 1889~1976, 독일의 철학자)가 그의 『형이상학입문』22)에서 인용하여 존재자의 존재 경계를 침묵으로 표상하여 가리켜 말하듯이, 원효는 일체법을 총섭하는 경계로서의 일심을 고요함으로 말하고 있다. 이와 같은 고요함의 측면이 일심의 진여문 측면이고, 어리석음으로 그 어리석음을 따라서 생멸을 일으키는 측면이 일심의 생멸문 측면이다. 따라서 진여문과 생멸문이 서로 구분되는 면이 있다.

흔히 생멸문은 더러운 것이고 진여문은 깨끗한 것이라고 생각하면 이는 오해다. 생멸문은 더러운 것 깨끗한 것을 각각 나타낸다. 그래서 더럽고 깨끗한 것 모두가 포함되지 않는 것이 없어 일체의 모든 법을 총섭하고 있는 것이다. 진여문은 더러움과 깨끗함의 통상通相일 뿐이지 통상 이외에 따로 더러운 것이나 깨끗한 것이 없다. 진여문은 인因의 측면이며, 생멸문은 연緣의 측면이다. 인연이 화합하여 모든 현상을 이루듯이, 생멸문에서도 진여를 포괄하고 있는 것이다. 따라서 진여문과 생멸문은 서로 융통하여 한계가 없고 두 문이 서로 여의지 않는다.

이처럼 원효가 주목하는 감추어져 고요한 측면의 진여문과 드러나 생멸하는 측면의 생멸문은 '하나도 아니고 다르지도 않으며(비일비이非一非異)' '서로 여의지도 않고 서로 섞이지도 않는(불상리불상잡不相離不相雜)' 관계없는 관계로서 일심의 이중성과 통일성을 말해주고 있다.

화쟁 : 어울림

 앞에서 살펴본 바와 같이 원효의 화쟁和諍은 다양한 종파 불교가 공존하던 동아시아 불교의 시대적 요청이며, 한반도의 정치적 사회적 상황에서의 시대적 요청에 대한 보편적이며 고유한 응답이었다. 화쟁은 바로 '불교의 모든 법문들이 다 이치가 있으며, 다 이치가 있으므로 모두 허락되지 않음이 없고, 허락되지 않음이 없기 때문에 통하지 않는 것이 없다'[23]는 지혜다. 또 "뭇 경전의 부분을 통합하여 온갖 흐름의 한 맛으로 돌아가게 하고, 부처 뜻의 지극히 공변됨을 열어 다양한 학파의 다른 주장들을 어울리게 한다."[24]

 원효의 화쟁이 주목을 받게 되는 최고最古의 현존 자료로는 '서당화상비誓幢和尙碑'를 꼽을 수 있다.[25] 이 비문은 『십문화쟁론』을 원효의 대표적인 저술로 기술하고, 화쟁의 의미를 부각하고 있으며, 이 책이 많은 사람들의 칭송을 받는 것으로 기술한다.[26] 그 뒤 300여 년이 지나 고려 시대에 와서 한 번 더 화쟁을 높이 평가하고 이를 원효철학의 핵심으로 파악한다.[27] '서당화상비' 이후 전통적으로 원효사상의 핵심을 화쟁으로 보고 『십문화쟁론』을 그 특징적 저술로 본 이래, 연구자들이 원효의 화쟁을 연구할 때 『십문화쟁론』 잔간과 원효의 다른 저술 등을 통해 복원한 『십문화쟁론』을 다루었다. 그 외 이와 같은 화쟁이 펼쳐지는 술어들이 『기신론해동소』『대승기신론별기』『금강삼매경론』『열반경종요』『법화경종요』 등 곳곳에 나타난다. 그 중에서 『열반종요』가 열반의 의미에 대한 여러 주장들과 이들 간의 차이로 생긴 주장들의 다툼을 전체적으로 화쟁하는 것을 잘 나타내주고 있다는 평가를 받는다.

『십문화쟁론』은 목판본으로 2권 1책이다. 원래는 2권으로 원문原文 상권의 9, 10, 15, 16장의 4장張과 불분명한 1장만 해인사에 남아 있을 뿐이다. 9, 10장은 공유空有에 대한 화쟁론이며, 15, 16장은 불성무유佛性無有에 대한 화쟁론이다. 후인들이 많이 인용한 그의 요지문要旨文 등에 의하여 그 내용이 추론되고 있다. 이 논論은 백가百家의 이론異論을 모아 10문十門으로 분류하고 난구難句·이설異說을 모아 정리하여 일대승一大乘을 지향하는 총화總和의 이론적 근거를 제시한 책이다. 이 저술은 범어로도 번역되어 인도에까지 전해졌다고 한다.

십문화쟁의 내용을 소개하면 다음과 같다. 제1문 삼승일승
화쟁문三乘一乘和諍門. 이 문은 화쟁의 출발이다. 성문聲門, 연
각緣覺, 보살菩薩이 하나의 부처이며, 무량한 승려가 모두 하
나의 승려다. 일체의 부처님 법이 곧 일불승一佛僧이라는 화쟁
에 의한 모든 가르침의 회통을 전개한다. 제2문 공유이집화쟁
문空有異執和諍門. 여기서는 있음과 빔이 막힘이 없이 서로 통
하므로 본래 대립적인 개념이 아님을 밝힌다. 이것은 인도의
중관과 유식, 중원의 삼론종과 자은법상종의 주요 쟁점인 공
과 유의 대립을 화해시키는 것이다. 제3문 불성유무화쟁문佛
性有無和諍門. "일체의 중생은 모두 불성이 있으며 모두 마땅
히 성불할 수 있다"는 『열반경』의 설에 기초하여, 무성無性
중생은 부처가 될 수 없다는 이집異執을 부순다. 제4문 인법이
집회쟁문人法異執和諍門. 인계와 법계에 대한 불교계의 쟁짐에
대해 중도의 원리로 화쟁한다. 제5문 삼성이의화쟁문三性異義
和諍門. 변계소집성邊計所執性, 의타기성依他起性, 원성실성圓成
實性의 삼성三性에 대한 이론을 화쟁한다. 제6문 진속이의화
쟁문眞俗異義和諍門. 공유空有의 이론과 함께 진제眞諦와 속제
俗諦에 대한 이론異論을 화쟁한다. 제7문 이장이의화쟁문二障
異義和諍門. 두 가지 장애가 되는 소지장(所智障: 智障)과 번뇌
장(煩惱障: 惑障)을 숨은 뜻과 드러난 뜻으로 판정해 화쟁한다.
제8문 열반이의화쟁문涅槃異義和諍門. 열반에 대한 여러 가르
침의 이론을 화쟁시켜 열반의 바른 뜻을 드러낸다. 제9문 불
신이의화쟁문佛身異義和諍門. 불신의 상과 무상의 이론을 화쟁

한다. 제10문 불성이의화쟁문佛性異義和諍門. 불성에 대한 서로 다른 견해를 화쟁한다. 원효는 이 책을 통해 백가의 서로 다른 이론을 화쟁시켜 한 맛의 바다로 돌아가게 한다.

『열반경종요』 '열반문' 안의 마지막 절인 '화쟁문'에서는 보신報身 상주常住와 보신報身 무상無常의 상반된 주장을 상술하고 주장의 시비를 문답하며 '모두가 얻는 게 있다'고도 하고 '모두가 잃는 게 있다'고도 한다. 각각의 주장이 서로 어긋나는데, 각각의 주장이 일리가 있기도 하고 잘못된 것도 있다는 것이다. 예를 들면, 코끼리를 만진 각각의 여러 장님이 코끼리에 대해 말할 때, 그가 말하고 그려내는 것은 자기가 만지고 경험한 것이다. 그것은 코끼리를 다 드러내지 못하는 문제가 있지만 코끼리를 드러내는 데 각각 일리가 있다. "저 눈먼 사람이 각기 코끼리에 대한 설명을 하는 것과 같아서, 비록 코끼리의 실체는 얻지 못하였지만, 그렇다고 코끼리를 설명하지 않은 것은 아니다. 불성을 말하는 것도 이와 같아서 여섯 가지 법이 딱 맞는 것도 아니며 여섯 가지 법을 벗어난 것도 아니다."[28]

이처럼 어떤 주장은 그 근거 안에서만 그 나름의 의미를 가지므로 그 주장만을 고집할 경우 다른 측면에서는 잃는 것이 있다. 서로 다른 주장들이 부분적으로는 다른 설명이지만, 결국 하나를 가리키는 설명임을 알면 주장들이 서로 조화롭게 잘 어울릴 수 있다. 따라서 서로 다른 주장들 가운데 어느 한 설명만이 얻는 바가 있다고 할 수 없다. 원효가 쓰는 '서로 어굿나거나 방해되지 않는다'는 논증 구조를 보면, 어긋나거나 방해되지 않음을 가능하게 하는 것을 알게 된다. 전체와 부분 사이의 방해와 어긋남은 밝지 못함으로부터 오는 오해에서 비롯된다. 이 밝지 못함의 해소로 오해가 풀리면 통하고, 통하면 조화가 저절로 일어난다. 애초에 주장들 간 방해나 어긋남은 필요 없었다. 다만 밝지 못해 오해하고 고집해 어긋나고 방해된다고 여긴 것이다. 그러므로 밝지 못함(무명)을 제거해 어긋남을 없앴지만, 어긋남을 없애지 않은 것과 다르지 않다. 또 방해를 제거했지만, 방해를 제거하지 않은 것과 다르지 않다. 이는 『금강삼매경론』에서 '일체중생이 밝지 못해(무명) 꿈을 따라 유전하는 것을, 한 맛을 보게 하여 일심이라는 근원으로 되돌아오게 하지만 제자리로 돌아오니 얻은 게 아무것도 없다'[29]고 하는 것과 같다. 조화는 어리석음을 제거하고 꿈으로 비유되는 치우친 견해에 대한 집착을 끊으면 저절로 일어난다. 서로 어긋나지 않기 때문에 모두 얻을 만한 게 있고, 꼭 그런 것만은 아니기 때문에 서로 어긋나지 않는다.

원효는 늘 부분적으로 보는 것과 한정짓는 것을 경계한다. 광대심심廣大甚深 심원무한深遠無限한 열반의 경지에서는 어느 하나를 버리지 않고, 어느 하나를 선택하지도 않는다. 그래서 둘 다 받아들이는 것으로도 보이고 둘 다 버리는 것으로도 보인다. 그 이유는 부처의 여러 가르침이 나오게 되는 부처 뜻은 넓고 크고 아주 깊으며 아주 멀고 끝이 없으므로, 한쪽 말에 그 뜻을 모두 담을 수 없기 때문이다. 『열반종요』의 마지막 문구는 이렇게 맺고 있다. "부처의 뜻은 매우 멀고 끝이 없으니, …… 부처의 뜻을 한정지으려 하는 것은 마치 소라로 바닷물을 길으려는 것과 같고, 대롱으로 하늘을 보려는 것과 같을 뿐이다."30) 소라를 합치고 대롱을 합치면 조금은 나아질 수 있을까? 그러나 그것 또한 소라와 대롱의 한계를 벗어날 수 없다. 주장이 있고 그에 따른 다툼과 갈등이 있을 때, 주장함의 의미 있음과 함께, 그 의미의 한계를 깨어있으며 알 수 있다면 화쟁和諍은 저절로 이루어진다.

온전한 화쟁의 가능조건은 인식론적으로 열반이고, 존재론적으로 일심이다. 동일성이 바로 일심이다. 원효가 동일성을 찾는 것이라 해서 통일統一적인 것을 주장하려는 것은 아니다. 그는 다양한 주장들을 소통하기 위한 본질적 전제조건이 일심 혹은 열반임을 밝히는 것이다. 동일한 전제조건 때문에 다양성이 죽고 통일성에로 귀착되는 것이 아니라, 오히려 그 나름의 이치를 가지며 다양한 고유함들이 온전히 살아나는 것이다. 백가의 주장이 사르며 살아나 다 조화를 이룬다.31)

화쟁 논리의 힘은 범부 중생에게는 일심이라는 근원으로 돌아가도록 길을 열어주면서 그 길로 안내한다. 그런데 동시에 범부가 일심이라는 근원으로 돌아가도록 하는 그 화쟁 논리의 힘은 곧 일심이라는 근원의 힘으로부터 나오는 것이다. 존재의 부름에 응답하도록 하는 것이 존재자의 몫이기도 하지만 동시에 존재의 부름 없이는 존재자의 응답이 불가능하듯이, 일심이라는 근원의 부름에 응답하는 힘은 여래의 씨앗을 품고 있는 범부중생의 몫이지만 일심이라는 근원으로부터의 부름 없인 불가능하다. 때문에 온전한 존재 이해는 온전히 근원의 부름에 응답하는 것이다. 온전히 근원의 부름에 응답하는 것은 온전한 하나의 마음을 관觀하며 관하는 주체와 대상이 사라져 오직 관만이 성성醒醒하고, 무장무애無障無礙하여 그때그때마다 스스로 주인이 되는 것(隨處作主)이다. 우리는 그때그때 시대마다 역사적 부름에 열심히들 살아왔다. 또 열심히들 살 것이다. 우리가 일깨워야 할 것은 더욱 깨어있는 마음이다. 어디를 향해 왜 이토록 열심히 달려가고 있는지 스스로 더욱 크고 넓은 시각으로 고요한 마음으로 돌아보는 것이다. 우리는 모두 남이지만 나와 다른 남이고 나와 동떨어진 남이 아니다. 남은 나로부터 떨어져 아무 관계도 없을 때가 아니라 나와 함께 있을 때 나와 마주해 있을 때만 남이다. 나 없이는 남도 없고 남 없이는 나도 없다. 이처럼 남과 나는 다르지만 동근원적同根源的이다.

화쟁은 불가양립적인 대립의 해결을 지양하는 논리학이 아니고, 우주의 모든 원초적 사실이 이미 그 자체 상관적 차이(pertinent difference)의 법칙으로 짜여 있음을 기술한 우주의 로고스를 뜻한다. 화쟁은 인위적 논리학의 법칙이 아니고, 자연적 우주의 사실을 말한다. 화쟁은 무위법이고 무아의 마음에 조명된 우주적 사실의 자연성을 말하지, 당위적으로 그렇게 되어야 한다는 이치를 가리키는 것이 아니다. 논리학(logic)과 로고스(logos)는 다르다. 전자는 인간의 이성이 구성하는 사유법칙을 말하지만, 후자는 이 우주에 이미 그리고 늘 있어 온 사실의 법을 말한다. 변증법은 인간의 사회가 인위적으로 만든 이성의 논리학이지만, 화쟁은 우주의 자연이 본디 안고 있는 존재의 법칙으로서의 상관적 차이에 다름 아니다.

상관적 차이는 A와 A'가 서로 불구대천의 원수처럼 공존이 불가능한 관계가 아니라, 서로 다르지만 같이 동거하는 그런 한 쌍의 모습을 가리킨다. 높은 봉우리와 깊은 계곡이 다르지만 같이 동시에 성립하는 이중성의 동거고, 삶과 죽음도 서로 다르지만 하나의 양면성으로 같이 성립하는 상관적 차이다. 그러므로 쟁론의 화합으로서의 화쟁은 쟁론을 지양해서 화합해야 한다는 당위적 명령을 지시하는 것이 아니라, 상관적 차이가 서로 하나의 이중적 묶음으로서 존재하는 자연적 무위법의 방식을 지시한 것이겠다. 이런 상관적 차이는 차이가 한 단위로 동거하는 이중성의 사실이요, 법칙이므로 부처님이 설파하신 연기법의 다른 이름이다.

이중성은 일원성도 이원성도 아니다. 그것은 '하나도 아니고 둘도 아닌(불일이불이不一而不二)' 관계고, 이것이 화쟁의 다른 이름이다. 원효의 말이다. '같음(同)은 다름(異)에 의해서 같음을 분별한 것이고, 다름은 같음에 의해서 다름을 해명한 것이므로, 같음에서 다름을 해명하는 것은 같음을 나누어서 다름이 되는 것이 아니고, 다름에서 같음을 분별하는 것은 다름을 녹여서 같음이 되는 것이 아니다.' 같음을 쪼개서 다름이 되는 것이 아니고, 다름을 녹여서 같음이 되는 것이 아니므로 같음과 다름은 서로 다른 차이 속에서 한 쌍으로 같이 동거하는 사이에 지나지 않음을 뜻한다. 그러므로 같음과 다름을 변증법적 모순관계로 보지 않고, 그렇다고 감상적으로 낭만적 통일을 위한 자기 분열로도 보지 않고, 오로지 세상의 근원적 사실이 상생과 상극의 이중성처럼 야누스적 존재방식으로 성립되어 있음을 밝히는 것이 화쟁이다. 그러므로 화쟁의 화和는 '동同/이異'의 이중성을 하나의 사실로 보라는 뜻을 담고 있다. '동'과 '이'를 동시에 읽지 않고, 늘 중생들은 어리석게도 따로 떼어서 생각하기에 다투고 싸운다. 가장 단순한 사실도 이중적이다. 우리는 지금 너무 단세포적인 택일적 발상에 매달리고 있다. 좋으면 좋다고 미치고, 싫으면 싫다고 미친다. 이것은 비화쟁적이다. 중생이 편견을 어리석은 광기로 인하여 정견이라고 우기면, 거기에 고통의 비극이 생긴다. 혼자만 고통스럽지 않고 남들도 괴롭힌다.

원효는 존재하는 모든 것들 즉 생명 없는 것을 포함해 생명 있는 모든 것들을 그 자신과 '하나도 아니고 다르지도 않은(비일비이非一非異)' 관계로 신적인 이해(神解)를 하고 그들의 마음과 자신의 마음이 다르면서도 동시에 하나임을 알고, 나와 남이 둘이 아니니(자타불이自他不二) 연이 없음(무연無緣)을 알고 같은 몸으로써 힘을 내어 무연자비無緣慈悲와 동체대비同體大悲를 이루고 대자대비大慈大悲한 삶의 문법을 실행하였다. 그래서 그의 온 삶은 무애無碍의 삶으로 규정된다. 그리고 그의 배움과 물음 그리고 당대의 학자들을 향한 질타는 원음圓音을

듣고 일미一味를 맛보며 귀일심지원歸一心之源 하도록 화쟁和
諍의 논리를 펼친 것으로 규정된다.

여래장 : 여래가 될 씨앗

여래(如來, Tathāgata)는 '그렇게 오는' 자의 뜻이다. 여래장(如來藏, Tathāgatagarbha)은 여래가 될 수 있는 씨앗이다. 여래장을 최초로 논한 『여래장경如來藏經』은 "일체중생은 여래장"이라고 선언하며, 번뇌에 둘러싸인 중생 중에 여래지如來智·여래안如來眼을 갖춘 여래가 단좌端坐하고 있다고 말한다. 또한 『부증불감경不增不減經』에서는 중생계와 법계法界에는 증감이 없으며, 이 양자는 동일한 세계라고 한다. 단지 그러한 사실을 모르기 때문에 중생은 사견邪見을 가지게 되고 생사윤회의 바다에 침몰하고 있다고 하여, 여래장은 밖으로는 번뇌로 가려 있지만 안으로는 여래의 청정법, 상주불변의 법성法性이라고 한다.

『승만경勝鬘經』도 여래장의 기본경전으로 간주된다. 이러한 여래장 사상이 집성된 것이 『보성론寶性論』이다. 여기에서는 여래장의 세 의미로서, 첫째 여래 법신의 편재遍在, 둘째 진여眞如의 무차별성, 셋째 종성種姓의 존재를 열거하고 있다. 중국에서 특히 널리 알려진 『불성론佛性論』은 이 『보성론』을 바꾸어 지은 것이거나 이에 의거하여 쓴 것으로 생각된다. 이와 함께 대승의 『열반경』에서 여래장을 불성의 의미로 해석하여, '일체 중생은 모두 불성을 가지고 있다'고 한 말에 의해 중국에서는 여래장이라는 말보다 불성이라는 용어가 더 일반적으로 사용되었다. 그러나 『열반경』 앞부분은 일천제一闡提에는 불성이 없다고 하고 뒷부분에서는 불성이 있다고 하여 약간의 불일치가 있으나 종국적으로는 일천제의 성불을 인정한다.

중국에서는 더 나아가 쇠붙이·와석瓦石 등의 무생물에도 불성이 있다고 주장되었다. 유식唯識 계통의 법상종法相宗이나 선종에서는 각각 오성분별五性分別[32]·견성성불見性成佛을 주장하여 여래장·불성을 일반화하지 못했다. 이에 비해 천태종天台宗의 지의智顗는 색色·심心의 평등관에 근거하여 그 보편화를 개척하였으며, 길장吉藏은 초목草木에도 불성이 있다고 하여 최초로 초목성불을 주장하였다. 그 후 중국 및 한국 등지에서는 비정불성론이 일반화되었다. 이러한 여러 경론 외에도 여래장 사상을 다룬 것으로 『앙굴마라경央掘魔羅經』『대법고경大法鼓經』 및 『금광명경金光明經』『능가경楞伽經』 등이

53

있다. 특히 『능가경』은 『대승기신론』과 함께 여래장과 알라 야식阿賴耶識과의 관계를 논함으로써 유식설唯識說과의 융화를 시도하고 있는 것으로 유명하다.

허인섭은 원효의 여래장 개념이 그렇게 원효만의 독창성을 가진 것이 아니며 형이상학화 된 중국불교 혹은 노장老莊화 된 중국불교의 연속선상에서 모순긍정의 논리를 사용하고 있다고 본다. 이는 말년의 불교논리 비판서인 『판비량론』보다는 덜 독창적이라고 생각한다.[33] 이평래는 원효가 교판론의 입장에서 유식설을 중관설보다 우위에 두고 있으며 양 사상의 대립에 대하여 화쟁을 도모하고 여래장을 설하는 『대승기신론』을 교학의 중심사상으로 받아들이려고 했던 것이라 한다. 원효의 『대혜도경종요』에서도 '반야'를 설명한다. 그 용어의 해석에서 문자文字반야, 실상實相반야, 관조觀照반야를 설명할 때 다섯 가지의 학설을 끌어들이는데, 그 다섯 번째 설에서 "여래장이야말로 실상반야다"라고 하고 실상반야를 논리정연하게 활용하고 있다. 그는 원효의 현존 저서 가운데 『이장의』 『대혜도경종요』 『법화종요』 『열반종요』 『기신론해동소』 『대승기신론별기』 『금강삼매경론』 등을 여래장 계통의 저서로 본다. 원효사상은 여래장 연기를 설하는 진제 삼장에 가깝다고 본다.[34] 최유진은 원효가 여래장의 중요성을 최초로 인식한 사상가 중 하나로 보고 있다. 원효의 이런 인식을 법장이 받아들이고 있는 것으로 본다. 은정희는 법장이 지론종 남도파의 영향으로 『기신론』을 여래장연기종으로 파악하는 것은 원효보다 객관적이지 않다고 본다.[35] 원효의 여래장 이해에 관한 설명을 해보겠다.

『기신론』에서 일심은 여래장과 동의로 쓰인다. 일심이 마음의 고요한 측면과 생멸의 움직이는 측면을 가지고 있듯이 중생의 마음도 또한 그 체가 본래 청정하여서 생멸이 없지만, 어리석어서 움직이게 되고 생멸을 일으키는 것이다. 중생심이 이처럼 마음의 두 측면을 가지고 있고 일심과 동의어로 쓰이고 있지만, 중생심은 심생멸문의 측면이 두드러져 있어서 심진여문의 측면이 가려져 있는 것이다. 이와 유사하게 심진여문의 측면이 두드러져 있지만 아직 실현되지 않은 가능성의 뜻으로 여래장이라 하는 것이다. 원효에 따르면 "일심의 체는 본각이어서 나지도 없어지지도 않지만 무명으로 말미암아 움직여 나고 없어지고 하게 되는데, 이 생멸문에서 여래의 본성이 숨어 나타나지 않는 것이 여래장이다."[36] 또 자성청정심으로, 또 생멸문 내에서 생멸심이 의지하여 일어나는 대상으로서 여래장을 설명한다. 이 여래장은 선과 불선 모두의 원인이 된다. 마음이 생멸하는 가운데 숨어 드러나지 않는 '그대로 그대로(여여如如)'는 그대로이기 때문에 그대로 와서(여래如來) 그대로 간다(여거如去). 그래서 참 그대로(진여眞如)로 드러나지 않는 바도 없다. 진여는 이처럼 그냥 그대로 마음이 생멸하는 가운데서도 깨끗하고 고요하게 있다. 물든 마음에 정업淨業이 없어도 진여가 늘 함께 있으므로 정용淨用이 있어 정법훈습淨法熏習이 있는 것이다. 불생불멸과 생멸이 언뜻 보기에 모순되어 보여도 이처럼 늘 화합되어 함께 있는 것이다. 이때 생멸이 불생불멸과 화합한 것이 아니라 불생불멸이 생멸과 화합한 것이다. 더불어 화합한다는 것은 하나도 아니고 다르지도 않은 것을 나타낸다. 그의 「소」에서는 "생멸하지 않는 마음 전체가 움직이기 때문에 마음이 생멸상을 여의지 않고 생멸상이 신령스런 이해가 아닌 것이 없기 때문에 생멸이 심상을 여의지 않는 것이니, 이와 같이 서로 여의지 않기 때문에 더불어 화합한다고 하는 것이다"[37]라고 지적한다.

여래장은 생멸문 내의 불생멸심 전체가 움직이기 때문에 생멸상을 여의지 않는 것이다. 그리고 생멸상이 신령스런 이해 아닌 것이 없기 때문에 생멸이 심상을 여의지 않는 것이다. 마음이 갖가지로 생겼다가 사라지는 그 모습이 신령스런 이해 아닌 것이 없다고 보는 것은 원효가 그것을 제거 대상으로 본 것이 아니다. 불생멸심과 생멸심은 서로 버려 여의지 않는 '하나도 아니고 다르지도 않은' 관계다. 이 둘이 하나라면 생멸식상이 다 없어질 때에 마음의 신령스런 체도 또한 따라서 없어지게 되니 모든 것이 무상하여 실재하지 않는 것이라는 모든 것을 부정하는 치우친 단견斷見으로 떨어질 것이라고 하여 하나가 아니라고 한다. 또 만약에 이 둘이 다른 것이라고 하면 무명의 바람에 의해 훈습되어 움직일 때에 고요한 마음의 체가 연을 따르지 않게 되니 이는 상주불변하는 실체를 고집하는 상견常見에 떨어질 것이라고 하여 다르지 않다고 한다. 원효는 이와 같이 양변을 여의었기 때문에 '하나도 아니고 다르지도 않다고 하는 것이다.[38] 여래장이 있는 그대로의 고요한 세계를 씨앗처럼 감추고 있지만, 생멸심과 더불어 언제나 어디에나 있음이 확인된다. 이제 생멸하는 중생의 마음은 불생멸심의 여래장이 생멸과 더불어 화합하여 있어서 하나도 아니고 다르지도 않다. 그래서 둘이면서 하나고 하나면서 둘이다.

우리 안에 감추어져 있는 초월자로서의 여래장이 우리의 존재 전체를 근거 짓는 존재의 원초적 근원이며, 생멸심은 여래장을 떠나서는 그의 근거를 상실하며 무의미한 것이 된다. 우리 인간은 '두 마음의 얼굴을 지닌 존재'다. 인간은 가능성의 측면에서 보면 불생불멸의 심진여며, 현실의 측면에서 보면 생멸의 아라야식이다. 이 두 측면은 하나로 통일되어 있으나 그들은 서로 같지도 않고 다르지도 않다. 여기서 '불생불멸'과 '생멸' 사이는 '하나도 아니고 둘도 아닌(비일비이非一非二)' 관계다. 그래서 관계라고 하기에는 관계가 아니고 관계가 아니라고 하기에는 관계인 그런 관계다. 원효는 여래장 및 아라야식의 교의를 통해 인간의 본래적인 참자아가 인간 존재의 포괄적 근원인 여래장 즉 일심이라는 것과, 또한 일심의 가능 존재로서의 인간의 근원적 본성은 생사의 세계 안에서 인간의 존재가 가장 깊은 곳까지 물든 때에조차 영원히 변치 않는다는 것을 밝혀주고 있다.

열반 : 깨달음

일상의 삶을 살아가면서 우리는 삶의 즐거움과 함께 삶의
고단함 등을 느끼며 살아간다. 어른은 어른대로, 아이는 아이
대로 그런 것 같다. 아이들을 보며 내 어린 시절을 생각하면
어린이가 어린이라서 삶의 즐거움과 고단함 등을 느끼지 못하
는 것은 아닌 듯하다. 때로 삶의 고단함에 힘들어 할 때면 이
고단함과 괴로움이 다신 없기를 바라게 되는 순간이 있다. 그
럴 때면 삶의 괴로움을 끊은 사람들의 지혜에 귀가 솔깃해지
기 마련이다. '번뇌를 끊은 지혜'란 말이 '열반涅槃'이라고 일
상적으로 사용된다. 『잡아함경』에서는 "열반이라는 것은 탐
욕이 영원히 다하고, 성냄이 영원히 다하며, 어리석음이 영원
히 다하고, 일체 모든 유루(遺漏: 번뇌)가 영원히 다한 것이니,

이것을 열반이라고 한다"고 했다. 모든 탐욕과 성냄, 어리석음 그리고 괴로움이 다 꺼져 사라진 상태가 열반이다.

살아있는 동안의 열반을 유여의열반有餘依涅槃이라 하는데 열반을 했지만 아직 몸이 남아 의존해 있다는 뜻이다. 유여의 열반을 이룬 사람이 죽으면 몸이 남아 있지 않아 의존할 것이 없어 무여의열반無餘依涅槃이라 한다. 원효는 이에 대한 자세한 설명을 하지만 여기서는 간단히 이 정도만 이야기 한다. 원효는 그의 『열반종요』에서 열반에 대한 명문을 남겼다.

"열반의 길은 길이 없으면서도 길 아닌 것이 없고, 머무름이 없으면서 머물지 않음이 없다. 이에 그 길이 지극히 가까우면서도 지극히 먼 것임을 안다. 이 길을 증득하면 아주 고요하면서도 아주 시끄러우니, 아주 시끄럽기 때문에 널리 온갖 소리를 널리 울리고 허공에 두루하면서도 쉬지 않는다. 아주 고요하기 때문에 온갖 모습을 멀리 여의고 진제眞諦39)와 같아 담연湛然하다. 지극히 멀기 때문에 가르침만 따라가면 천겁千劫이 지나더라도 이르지 못한다. 지극히 가깝기 때문에 말을 잊고 찾으면 한 생각을 지나지 않아 스스로 깨닫는다."40)

원효에 따르면, 열반은 우리 삶에 구체적인 어떤 길을 제시해 주지 않는 것 같지만 열반의 길 아닌 것이 없다. 이 길은 한편 길도 없고, 머무름도 없으며, 지극히 멀기 때문에 가르침만 따라가면 천겁이 지나도 이르지 못한다. 또 한편으론 길 아닌 것이 없고 어디에도 머물지 않음이 없고 지극히 가까워서 말을 잊고 찾으면 바로 스스로 깨닫는다. 한 생각도 지나지 않아 깨우치는 길과 가도 가도 이르지 못하는 이 길은 두 길이 아니다.

열반의 길은 드러남과 감춤의 두 길이 맞물려 있지만 모순이 없는 하나의 길이다. 두 길을 나누어 살펴보면 감춤의 측면과 드러남의 측면이 있다. 감춤의 측면은 아주 고요하기 때문에 온갖 모습을 여의고 진제眞諦에 합하여 담연湛然하다. 드러남의 측면은 아주 시끄럽기 때문에 온갖 소리가 쉼 없다.

원효는 『열반경』이 이와 같은 열반의 뜻을 잘 밝히고 있다고 말한다. 열반은 너무 넓어 그 끝이 없고 너무 깊어 밑이 없다. 밑이 없으므로 궁구하지 못할 것이 없고 가없어 포섭하지 않는 것이 없다. 이처럼 열반은 '헤아리기 어려'기도 하지만 '둘이 없는 참 성품(無二實性)'이라고 헤아려진다. 여기서 '둘이 없다'는 것은 진·망이 섞여 하나라는 뜻이다. 그러나 이미 둘이 없기 때문에 하나라고 할 것도 없다. 그런데 진·망이 섞였으니(圓融), 참이라고 할 것도 없으며, 따라서 이치와 지혜가 모두 사라지고, 이름과 뜻이 모두 끊어지니, 이것을 일러 '열반의 현묘한 뜻'이라고 한다. 이름이 끊어지고 뜻이 끊어지고 이치가 사라지고 지혜가 사라진다고 해서 아무 것도 없고 안 하는 것이 아니라, 바로 그렇기 때문에 동시에 여기에 머물지 않고 모두에 응하고 모든 것을 말하니, '열반의 지극한 가르침'이라고 한다. 오묘한 뜻은 일찍이 고요한 적이 없고, 지극한 교설은 일찍이 말한 적이 없으니, 이것이 이치와 가르침의 한 맛이다.

열반의 가르침은 '말씀'과 '고요함'이라는 이중성이 있다. 모든 부처님은 고요하고 오묘한 뜻을 증득하고 이에 머물지 않아 응하지 않는 바가 없고 설하지 않는 바가 없으니 말씀이 많다. 열반의 지극한 가르침은 고요함이며 그 고요함을 드러내는 말씀 속에 고요함을 담으면서 모든 것에 응하며 모든 것을 말씀한다. 그래서 외적으로는 '일찍이 고요한 적이 없다'고 하고, 내적으로는 '일찍이 말한 적이 없다'고 한다. 그래서 고요함을 담는 열반의 말씀은 이중적이다.

언어의 세계는 분별의 세계고 현상의 세계고, 고요함의 세계는 분별이 없는 세계고 본질의 세계다. 한 마음이 움직여 생겨나고 사라지는 '생멸문'에 서면 모든 말들이 생겨나와 의미를 지니고 있다가 사라진다. 또 이 한 마음의 움직임은 늘 그러한 문이 있어 생겨나지도 사라지지도 않는 '진여문'과 짝한다. 열반의 오묘한 뜻은 언어의 세계와 고요함의 세계를 원융하여 둘이 없는 참 성품이며 진·망이 혼융混融한 것이다. 그래서 열반은 자기 내면의 눈이 기울지 않아 괴로움을 만들지 않게 되므로 이제 대상이 되는 바깥의 사물들과 사람들에 대해서도 기울지 않아 평등한 눈을 갖게 된다.

원효는 "부처 뜻의 지극히 공변됨을 열어서 수많은 학파의 다른 주장들을 조화롭게 하였다"[41]고 하여, 마치 온갖 강물이

한 맛의 큰 바다로 돌아가듯이, 열반을 통해 "부분적인 여러 경전들을 통합하여 수많은 흐름들을 한 맛으로 돌아가게 한다"[42]고 하였다. 그래서 이런 열반을 '대반열반'이라고 부른다. 대반열반의 본딧말은 이른바 '마하 파리니르바나'다. 이것을 소리대로 옮긴다고 한 것이 '대반열반大般涅槃'이다. 대반열반을 이리저리 생각다가 그 뜻으로 옮긴 것이 '대멸도大滅度'다. 왜 대멸도로 번역했을까? 원효가 자세히 길게 설명하지만 여기서는 간단히 소개하겠다.

여래가 증득한 길은 그 본체(體)가 그것 아닌 곳 없이 두루해서 밖이 없고, 그 쓰임(用)은 두루 있는 것들을 널리 감싸 멀리 구제하니, 이 보다 앞서는 것이 없어 '크다(大)'고 한다. 그래서 그 본체는 '큰 본체(大體)'고, 그 쓰임은 '큰 쓰임(大用)'이다. 그래서 대체대용大體大用이라 한다. 대체대용은 둘도 없고 나눔도 없다. 그래서 건너가야 할 저 언덕도 없고 떠나야 할 이 언덕 또한 없다. 벗어날 곳이 없으니 벗어나지 못할 곳 또한 없다. 이것을 '크게 사라짐(大滅)'이라고 한다. '크게 사라짐'은 '사라짐도 사라진 것'이다. 또한 건너가야 할 곳이 없으니, 건너가지 못할 곳도 없다. 그런 까닭에 이것을 '큰 건넘(大渡)'이라고 한다. 그래서 이런 뜻으로 '크게 사라져 건넘(大滅度)'이라고 번역한 것이다.[43]

우리는 각자의 언어와 역사, 그리고 종교와 철학을 통해 익힌 바를 벗어나지 못한 채 혹은 너무 벗어난 채, 끄트머리를 붙잡고 달려가 위기를 더욱 가속화하면서 파멸을 자초할까 우려한다고 하면서도 여전히 그 모양으로 살고 있다. 근원을 바라보면서도 지류에서 헤매고, 잎사귀를 잡고서 줄기를 잃으며, 옷깃을 끊어서 소매에 붙이고, 가지를 잘라서 뿌리에 두르려한다.44) 대롱으로 하늘을 다 보려하는 어리석음을 버리고, 소라로 온 바닷물을 다 길으려 하는 어리석음을 버리고,45) 눈에 보이지 않는 곳, 귀에 들리지 않는 것까지 듣고 보는, 더 깊고 더 넓고 더 높은 지혜의 눈을 다시 깨워야 한다. 원효는 '일심'이라는 근원으로 돌아가 동체지력同體智力으로 나와 남이 둘이 아니어서 이 세상에 존재하는 모든 것들에 동체대비同體大悲한 마음을 발해, 대자대비大慈大悲한 마음이 되어 잘 어울려 사는 열반의 삶을 말한다. 우리는 나 없는 마음 밭에서 나 없는 깨달음을 얻고 나 없는 지혜의 눈으로 나 아닌 것들도 나 아닌 것들이 아닌 것으로 알며 어울리며 온전한 삶을 살 수 있다.

원음 : 두루한 소리

원음圓音은 진제(眞諦, Paramārtha, Asvaghoa, 499~569)가 550년
마명(馬鳴, 100?~160?)의 『대승기신론』을 번역한 이후 한자문명
권에서 한자로 불교를 이해한 한문문자시대의 독특한 한자식
이해의 표현이다. 원음은 진제 『대승기신론』 역본에 단 한 번
나오고 있으며,46) 이후 당唐대의 실차난타(實叉難陀, Sikṣānanda,
652~710)가 700년에 번역하기 시작한 신역본에서는 아예 나오
지도 않고 일음一音으로 나온다.47) 박휘근(朴輝根, 1946~)은
원음圓音이 오늘날 서양에 소개되고 있는 『대승기신론』 번역
본들에서도 전혀 주목되고 있지 않다고 하면서 원음圓音을 서
양문명의 로고스와 비견된다며 한국말로 '둥근 소리'라고 해
석했다.48)

법(法, dhātu)은 본래 소리 즉 원음原音으로서 여래가 세상에 나타나든 나타나지 않든 확정되어 있으며, 확립되어 있으며, 결정되어 있다. 원음은 궁극적 경험의 법칙으로서 우리 자신의 마음을 떠나 있지 않다. 언제 어디서나 두루 있는 법을 소리로 나타낸 것이 원래 소리, 원음原音이다. 원래 소리가 부처를 통해 드러나고 그 원래 소리 원음原音은 시대마다 다양하게 드러나지만 한 소리다. 그래서 일음一音이다. 이에 따르면, 초기 경전, 대승 경전, 심지어 위경僞經 그리고 선어록 등과 같은 다양한 성격의 불교전적들은 근기에 따라 법을 설한 결과 즉 대기설법對機說法의 결과라고 이해할 수 있다.[49]

부처님이 비구들에게 말하기를, '연기법이란 내가 만든 것도 아니고, 또한 다른 사람이 만든 것도 아니다. 그러나 이 여래가 세상에 나든 안나든 법계는 늘 있는 것이다. 여래께서 이 법을 스스로 깨닫고 등정각을 이루어, 모든 중생들을 위하여 분별하여 연설을 하셔서 열어 나타내 보이셨다.' 이른 바 '이것이 있으므로 저것이 있고, 이것이 일어나므로 저것이 일어난다'고 하셨다. '무명을 연하여 행이 있고 내지 괴로움이 있고, 무명이 멸하므로 행이 멸하고 내지 괴로움이 멸한다'고 하셨다.[50]

원효는 "모든 다른 사람의 뜻은 모두 부처님의 뜻이며, 백가의 학설이 모두 옳지 않음이 없고, 팔만 가지 법문이 모두

가히 이치에 들어갈 수 있는 것이다"[51]라고 하고, 지눌(知訥, 1158~1210)은 "부처의 입과 조사의 마음이 반드시 서로 틀린 것이 아니니, 어찌 근원을 궁구하지 않고서 제각기 익힌 바에 안주하면서 헛되이 쟁론을 일으켜 하늘의 해를 죽이는가"[52]라고 한다.

원효는 원음圓音에 대해 역대 어느 누구보다 깊이 사색하고 자세한 설명을 하고 있다. 원음原音이 바닷물이라면, 짠맛은 원음圓音이다. 어떤 바닷물을 맛보아도 늘 짠 맛이 있다. 그러나 어떤 바닷물도 그 바다 전체는 아니다. 늘 짠 맛을 간직하고 있다면 늘 불의佛意를 담고 있어 원음圓音이 되고, 원음圓音은 중생들의 근기에 따라 법을 각각 똑같이 알아들으니 다 같은 소리, 한 소리 일음一音이며 동시에 그 소리를 각각 알아듣는 중생들의 수만큼의 뭇소리, 즉 중음衆音이 된다. 불교의 모든 전적典籍에서는 중생의 이해가 중생의 이해 정도에 따라 제한적으로 다양하게 이해되지만(衆) 늘 불의佛意를 간직한 근원의 소리, 본래의 소리 원음原音을 간직한다면 자유로우면서도 하나를 잃지 않으며 펼쳐진다. 그렇기 때문에 그때마다 늘 새롭고 자유롭다. 또 그때마다 동시에 늘 오래되며 구속적이다. 중생의 이해 수준에 따라 이해된 자유로운 소리가 참 스스로로부터 우러나오는 소리라면 늘 새로우면서도 늘 오래된 소리일 수밖에 없다. 늘 새로운 소리라는 것은 불교전적의 다양한 이해들이 그때마다 같지 않은 측면을 말하는 것이요, 늘 오래된 소리라는 것은 불교전적의 다양한 이해들이 그때마다 같지 않을지라도 동일한 근원의 다르지 않은 측면을 말하는 것이다.

원효가 인용하는 구마라집(鳩摩羅什, Kumārajīva, 344~413)이 번역한『유마경(維摩詰所說經)』게송에 일음이 나온다. 지눌(知訥, 1158~1210)은 "첫째, 후위後魏의 보리류지는 일음교一音敎를 세웠다. 이른바 성스러운 가르침은 오직 여래의 일원음교一圓音敎인데, 다만 근기가 다름에 따른 것이었을 뿐이다.『경』에서 '부처님께서는 일음一音으로 법을 연설하니, 중생이 그 근기에 따라서 제각각 이해한다'라고 하였다"53)고 요약하였다.

『대승기신론』에 딱 한 번 나오는 원음圓音에 대해 원효는 그의 주석에서 다른 어느 누구보다도 많은 관심을 갖고 설명한다. 원효도 원음이 곧 일음이라 한다. 그리고 원음과 일음에 대한 여러 논사의 설명이 같지 않다고 하며 세 가지를 소개한다.

원효는 출처를 밝히지 않은 한 논사의 설명을 소개한다.54) "소리가 온곳(十方)에 두루하여 근기가 성숙한 정도에 따라 듣지 못하는 바가 없기 때문에 원음이라 이름하는 것이지, 허공처럼 두루 가득 차 별다른 운곡이 없는 것을 이르는 것은 아니다." 원음은 온 곳에 두루두루 있는 소리다. 그러나 마치 비어서 그 빔이 두루두루 꽉 차있고 그래서 아무런 운곡, 즉 소리의 울림과 굽음이 없는 텅 빔은 아니다. 듣는 사람의 내면의 성숙도(根機)에 따라서 언제 어디서나 각각 다 들을 수 있는 소리다.

원효는 "원음圓音이 곧 일음一音"이라 한다. 언제나 어디에나 있는 둥근 소리가 어떻게 하나의 소리가 되는가? 모든 중생들이 자신들의 부름에 따라 울려 나와 듣는 그 메아리는 자신 소리의 메아리일 뿐이다. 그 각각의 메아리들은 하나의 소리가 아니다. 그런데 각각의 메아리들을 하나의 소리로 알아듣고 다른 소리는 듣지 않고 혼란 없이 각각 하나씩 알아듣기에 이런 특징으로 일음이라 한다. 그래서 중생의 측면에서, 부처님의 측면에서 각각 일음이라 풀이하고 이해하고 있으나 문제는 여전히 남는다. 부처님의 측면에서 하나의 소리는 소리 없음으로써 하나의 소리이고, 중생의 측면에서 하나의 소리는 모든 중생들이 각각 알아듣는, 그러나 모든 소리들이 섞이거나 어지럽지 않게 하나로 알아듣는 일음이다. 원효의 설명은 중생의 측면에서도 부처님의 측면에서도 일음이라 하지만, 이 두 소리가 어떻게 하나의 소리인가, 이것이 어떻게 가능한가?

부처님의 편에서 말하면, 부처님의 소리는 없다(無音). 부처님은 제일의신第一義身으로 영원히 만상萬像을 여의어 어떤 모양이나 소리도 없다. 그래서 부처님의 소리는 무음이고 무음은 곧 일음이다. 부처님의 소리는 어떤 특정한 곡조가 없는 소리이기 때문에 일음인 것이다. 무음이 일음의 근거가 된다. 이를 빈 골짜기에 비유하면, 빈 골짜기 스스로는 어떤 소리도 낼 수 없지만, 부름에 따라 그 메아리가 울려 나오는 것과 같이 부처님은 어떤 소리를 스스로 갖고 있는 것이 아니다. 그러나 거기 중생이 있으면 중생의 근기에 따라서 빈 골짜기는 그 메아리를 울려낸다. 스스로는 아무 소리가 없지만 중생의 근기에 따라 늘 한 소리를 낸다. 즉 부처님 말씀은 무음이라고도 할 수 있고 일음이라고도 할 수 있다.

두 번째 논사의 설명은 형체와 소리가 꽉 차 있어 있지 않은 곳이 없다는 것이다. 세 번째 논사의 설명은 오히려 부처님은 많은 음성이 꽉 차 있고, 중생의 모든 음성이 여래의 음성에 포함되지 않는 것이 없다고 한다. 그래서 장애가 없다. 하나가 곧 일체이고 일체가 곧 하나인 소리다. 일체가 곧 하나이기에 일음이고 하나가 곧 일체이기에 원음이라 한다. 이와 같은 설명은 『화엄경』에 근거하고 있다. 여기서의 꽉 차 있는 소리가 일음과 원음의 근거가 된다.

원음이 듣는 사람의 내면의 성숙도에 따라 각각 알아듣도록 나타나는 것은 어떻게 가능한가? 원음이 증상연增上緣이기 때문에 가능하다. 즉 다른 소리가 생겨나는 것에 힘을 주고 도와주는 소리 그리고 다른 소리가 생겨나는 것을 방해하지 않는 소리이기 때문에 여러 다른 소리가 나타난다. 원음은 언제 어디서나 있는 소리이며 다른 모든 소리들이 스스로 생겨나도록 도와주며 방해하지 않는 소리다. 마치 둥근달이 하늘에 하나 떠 있지만 저 경상도, 충청도, 강원도, 전라도, 함경도, 평안도, 제주도 등의 모든 강물, 저수지, 호수에 하나같이 나타나는 것과 같다. 둥근달은 어린 시절 시골 마을의 하늘에만 걸려 있었던 것이 아니라, 예나 지금이나 앞으로도 걸려 있을 것이고 서울의 하늘에도 평양의 하늘에도 걸려 있는 것이다. 그

래서 둥근달은 언제 어디서나 때가 되면 어김없이 나타나고
또 볼 수 있다. 부처님의 말씀은 바로 언제 어디에나 있는 그
런 두루한 소리 즉 원음圓音이다.

위의 세 논사들의 원음, 일음에 대한 설명을 원효가 인용해
서, 위에서 우리가 살펴본 바와 같이 각각의 일치하지 않는 설
명들은 우리로 하여금 더 많은 사색을 요구한다. 원圓에 대한
사색을 더 해서 원음을 사색하는 발걸음을 재촉해 보자. 앞에
서 '언제 어디서나 두루한다'는 뜻으로 새긴 원圓을 '똑같고
두루함'으로 풀고 있고, 이 등편等徧이 무엇과 무엇에 똑같은
지 원효는 여섯 쌍의 예를 들어 보여주고 있다.

우리가 똑같다는 말과 두루하다고 말을 하려면, 무엇과 무
엇이 똑같은지, 어디와 어디가 두루한지를 생각하게 되는데,
원효는 그것을 구체적으로 설명하고 있다. 그리고 바로 이와
같은 (부처님의 말씀이) 똑같고 두루함이 이르지 않는 곳이 없으
므로(圓), 없는 것(無)으로 말할 수 있고, 그 전체가 또 하나(一)
로 말할 수 있으며, 또 그 전체로서의 하나는 모든 각각의 개
체로서의 하나(衆이면서 一)와 또 다르지 않은 것이기에 같은
하나(一)로 말할 수 있다는 것이다.

이와 같은 설명을 통해, '(부처님의) 이 말은 말이면서 동시에
아무 말도 아닌 침묵임을 알 수 있다. 그래서 또 이 말을 하는
부처님 자신도 한 사람이면서 스스로 '아무도 아닌 (사람)'(無
我)이다. 하지만 원음은 알아듣기도 어렵고 이해하기도 어렵다
는 것을 원효 자신이 잘 알고 있었던 것처럼, 위 말을 얼마나

알아들을 수 있고 또 동시에 얼마만큼 알아듣기 어려운가도 조금이나마 알게 되었다. 원효는 『화엄경』의 인용을 통해서도 "이 부처님 소리는 불가사의不可思議하다"고 하며 그 자신도 "심식의 사량으로 헤아릴 수 있는 것이 아님"을 자신의 말로써 고백한다. 그 이유를 원효는 "진리의 몸이 스스로 있는 뜻 때문"이라고 한다.

　하나하나의 소리가 앞의 여섯 쌍 모두에 있으면서도 섞이어 어지럽지 않다는 것이다. 만약 여섯 쌍 모두에 두루 미치지 않는다면 그것은 소리(音)이지만 두루하지 않으므로 두루한 소리가 아니다. 그 소리가 똑같고 두루하지만 바로 두루하고 똑같음 때문에 그 곡조를 잃는다면 두루하지만 소리가 아니다. 원음은 이와 같이 곡조를 잃지 않으면서도 똑같고 두루 미치며, 똑같고 두루 미치면서도 그 곡조가 차별되는 소리다. 이와 같아서 불음佛音을 구체적 모양으로 그릴 수 있으면서도 그릴 수 없다. 또 일음一音이니 원음圓音이니 무음無音이니 하면서 설명하여 알아들을 수 있는 말이기도 하지만, 동시에 알아듣기 어렵다.

무애 : 걸림 없음

블로ㄱ 여행 중에 한 블로ㄱ에서 이런 글을 읽었다. "원효는 무애박을 들고 무애무를 추며 무애가를 부르며 전국 방방곡곡을 돌면서 모든 생명 가진 이에게 '나무아미타불'과 '나무관세음보살'의 염불을 하도록 권하였다. 구함과 집착이 없어 탐욕과 성냄과 어리석음을 여의고, 나와 너, 그리고 세간과 출세간의 분별을 떠난 일심一心에 이르면 '나라는 껍데기 속의 나'는 바로 광명 가득한 아미타불이요, 여기로 귀의하고 수행하는 바가 '나무아미타불'이요, '온 우주가 하나로 연결된 하나의 생명체로서 나의 行하여야 함'은 바로 관세음보살의 행이요, 여기로 귀의하고 수행하는 바가 '나무관세음보살'이라는 것을 가르쳐 주었다."[55] 원효 하면 떠오르는 여러 말들 가운데 무애無礙라는 말은 마음을 편하게 해준다. 무애는 '걸림 없다'는 말이다. 즉 지금 말로 흔히 자유自由를 뜻한다. 물론 자유를 영어의 freedom과 같은 말로 이해하면 양상은 달라진다. 어쨌든 '걸림 없다'는 것은 불교가 궁극적으로 추구하는 세계며, 한편 우리의 이상향이다. 무애무를 간단히 살펴보고 무애의 성격에 대해 생각해보자.

무애무를 최초로 기록한 이인로(李仁老, 1152~1220)의 『파한집破閑集』 권하에 다음과 같은 이야기가 전한다.

옛날 원효대성은 백정, 술장수 등과 어울렸다. 일찍이 목이 굽은 호리병을 매만지며 저자거리에서 노래하고 춤을 추었는데, 그것을 무애라고 이름하였다. 그 뒤에 어떤 일만들기 좋아하는 사람이 호리병 위쪽에 쇠방울을 달고 아래쪽에 채색비단을 늘어뜨려 장식하고는, 가볍게 두드리며 나아갔다 물러섰다 하는 것이 모두 음절이 맞았다. 여기에다 경전의 게송을 따라 '무애가'라 하니 밭가는 늙은이도 이를 모방하여 유희로 삼았다. 무애지국無㝵知國이 일찍이 제題하여 이르기를, '이 물건은 오래도록 무용으로 사용하였으나 옛날 사람들은 오히려 불명으로 이름났다' 하였다. 근자에는 산사람 관휴貫休가 게를 지은 것이 있으니 이르기를, '쌍소매를 휘두르는 것은 (괴로움과 앎의) 두 가지 장애를 끊은 까닭이요, 세 번 발을 드는 것은 삼계를 건넌 까닭이다' 하였으니 모두 조리로써 비유한 것이다. 나도 역시 그 춤을 보고 찬을 지었다. '배는 가을 매미 같이 비었고, 목은 여름

73

자라 같이 꼬부라졌도다. 그 굽은 것은 사람을 따를 수 있고, 그 빈 것은 물건을 용납할 만하다. ……'

『삼국유사』에 "요석공주와 혼인하여 파계한 후 속인의 복장으로 스스로 이름을 소성거사라 하고 우연히 광대들이 큰 표주박을 놀리며 춤추는 것을 보고 그 모습이 진지했다"고 한다. 또 "『화엄경』의 일체무애인一切無碍人 일도출생사一道出生死, 즉 '일체에 걸림이 없는 사람은 하나의 도로 생사를 벗어났도다'는 구절을 따라 무애라는 이름을 지었다"고 한다. 원효가 추는, 일만들기 좋아하는 사람이 추는, 밭가는 늙은이가 추는 무애춤의 모습이 각각 같으면서 달랐을 것이다. 이 당시 무애무는 익살스럽고 우스운 각설이춤이나 거리 광대 춤을 닮았으면서,[56] 해탈적 모습의 불교적 성격과 오락적 성격이 함께 섞여 성속일여聖俗一如의 모습이었을 것이다.

원효는 깨달음을 얻은 후 무애의 삶을 살았다. 얻기 전부터 그런 기미야 있었겠지만 결정적 계기야 깨달은 후가 될 것이다. 그의 무애가무를 통해 그의 무애관을 여실히 들여다 볼 수 있다. 경전의 근거는 『화엄경』의 한 대목이다. 그리고 그의 『기신론해동소』에 논을 평가하는 대목에도 나온다. "그러므로 펼침과 합침이 자재하고 세움과 깨뜨림이 걸림이 없어서 펼쳐도 번거롭지 않고, 합쳐도 협소하지 않으며, 세워도 얻음이 없고, 깨뜨려도 잃음이 없다"에서 "펼침과 합침이 자재하고 세움과 깨뜨림이 걸림이 없다" 즉 "개합자재開合自在 입파

무애立破無碍"가 있다. 이 논서의 특징을 이와 같이 설명하는데, 고영섭은 이 논서의 특징을 자기 것으로 승화한 것으로 본다.[57] 그러나 이미 자기 것으로 승화된 것으로 이 논을 평가하고 있는 것인지, 아니면 서로가 서로를 비추게 된 것인지 현시대에 그중 어느 하나를 확정해 선택하기는 어렵다. 다만 소를 지은 시기가 원효의 깨달음 이후냐 이전이냐가 하나의 단초를 줄 수 있을 것이다. 소를 지은 시기가 50대 초반이라면 그가 입당 시도를 했던 44세의 깨달음 이후가 된다. 그러나 『기신론』에 대한 주석을 여덟 권이나 저술한 것에 비추어 보면 30대 때부터 지속적으로 이루어진 것이고 깨달음 이전부터 지속적으로 내면화되었던 것이다. 따라서 원효가 이 논이 가지고 있는 '개합자재 입파무애'의 특징을 자기 것으로 승화해 그렇게 표현해낸 것으로 보는 고영섭의 생각을 부정하기도 어렵다.

진정한 앎을 지닌 대장부는 맹목적으로 하나의 진리만을 뒤쫓는 사람이 아니다.[58] 진정한 앎은 나타나 있는 것만을 아는 것이 아니다. 진정한 앎은 존재의 심연에 젖어들어 올바른 인내의 기다림과 그 기다림 속에서 올바른 때에 울려오는 그 심연의 침묵소리를 올바로 듣고 올바르게 응답하는 것이다. 침묵소리의 올바른 들음과 올바른 응답은 어떤 것일까? 원효에게 진정한 앎에 도달해 존재의 심연에 젖어들어 그 심연의 소리를 올바로 듣고 올바로 응답하는 이는 스스로 (입을 굳게 다문) 두구대사杜口大士와 (눈만 마주쳐도 도가 있음을 아는) 목격장부

目擊丈夫다. 그들은 말을 할 수 없음을 알게 되고 그래서 말하지 못하게 되는 이들이니, 입을 꾹 다문 큰 선비(杜口大士)고, 눈 부릅떠 도를 마주쳐 아는(目擊) 장부다. 이들이 진정한 앎에 이른 이들이다. 원효는 이들이 아니고서야 존재(大乘)에 대해 말을 떠난 중에서 논할 수 있겠는가 라고 하며 생각이 끊어진 데서 깊은 이해와 믿음이 온전히 가능하다고 말하고 있다. "스스로 (입을 굳게 다문) 두구대사杜口大士와 (도와 눈 맞춰 있음을 아는) 목격장부目擊丈夫가 아닐진대 누가 말이 떠난 중에서 대승大乘을 논할 수 있으며, 생각이 끊어진 데서 깊은 믿음을 일으킬 것인가?"[59] 그러나 이런 표현은 원효 자신이 "합쳐도 협소하지 않고 세워도 얻음이 없다"고 하듯이, 두구대사도 입은 다물었지만 원효와 어울려 기꺼이 목청껏 노래 부르고 춤을 추었을 것이다. 나잔사지로 목격상부노 원효와 어울리며 생각이 끊어진 데서 무애가무를 추며 놀았을 것이다.

　"무릇 이제중도二諦中道는 곧 (갈 수 있는) 길이랄 만한 게 없는 나루며, 현묘하고 현묘한 법문法門으로 더욱 (들 수 있는) 문이랄 만한 게 없는 이치다. 길이랄 만한 게 없기 때문에 마음을 써 행할 수 없고, 문이랄 만한 게 없기 때문에 행해 들어갈 수 없다. 그러나 큰 바다의 나루 없는 곳에 배를 띄워 노를 젓고, 허공의 기댈 곳 없는 곳에 날개를 나부껴 높이 날아오른다. 이에 길 없는 길 이것은 길 아님 없고, 문 없는 문은 곧 문 아님 없음을 안다. 문 아님 없기에 일마다 모두가 현묘함에 들어가는 문이 되고, 길 아님 없기에 곳곳이 모두 근원으로 돌

아가는 길이다. 근원으로 돌아가는 길은 아주 평이平易하여
능히 가는 사람이 없고, 현묘함에 들어가는 문은 태연泰然하
여 능히 들어가는 사람이 없다."60)

원효철학의 영향과 현대적 의의

원효철학 형성의 배경을 어느 하나로 규정할 수는 없다. 혹자는 원효철학에서 일심一心이나 화쟁和諍을 형성한 그 전형적 경과 논이 『열반경』 『법화경』 『기신론』이라고도 한다. 이러한 주장을 부정할 수는 없지만 긍정만 할 수 있는 것도 아니다. 원효는 일정한 스승도 없었지만 스승 아닌 것도 없는 그런 사람이다. 불교 내에서도 어느 한 분야만을 공부하지도 않았다. 또 경론에 대한 설명을 할 때도 어느 분야의 학파나 학설에 치우쳐 자신의 설명에 대한 근거를 제시하지 않는다. 또 유학儒學과 노장老莊의 책을 읽고 영향을 받았다는 흔적을 자주 간접적으로 드러내고 있고, 또 전통적으로 고조선 시대부터 전해 내려오는 지혜 전통을 계승하고 불교적으로 승화시키고 있음도 짐작하기 어렵지 않다. 원효가 살았던 당시는 한 마디로 문화적으로 종교적으로 정치적으로 퓨전의 시대였다. 원효는 그 모두를 종합하며 다양성을 인정하고 그 모든 다양성들을 꿰뚫어 이해하는 틀을 만든 것이다. 즉, 당시의 동아시아의 학문적 전통을 공유하고 모두 계승하면서도 고유한 자기 전개를 이루고 있다. 원효는 당시 시대정신인 불교를 통해 양적인 면에서나 질적인 면에서 불가사의한 연구 업적을 이루었으며, 실천적으로 스스로 자신을 구원하여 자유인이 되었으며 남을 구원하여 자유인의 삶을 살도록 노력하며 살다 간 사람이다.

원효철학은 그 저술이나 설화들이 중원과 일본으로 전해지면서 한자문명권의 동아시아 불교에 지대한 영향을 미친다. 이에 대한 자세한 논증이 쉬운 문제는 아니며, 여기서 그걸 목표하는 것은 아니다. 다만 몇 가지 이야기들을 통해 한자 문명권의 동아시아에 그의 철학이 영향을 미치고 있었던 흔적을 소개하겠다. 우선 인명론因明論 분야에서 그의 『판비량론』이 인도에까지 전해짐에 따라, 원효가 인도 진나와 당나라 현장의 유식 비량의 모순을 지적하며 극복한 것이 전해지면서 그들에게 영향을 미쳤고, 특히 중원의 선불교, 화엄종에도 크게 영향을 미쳤다. 중국 화엄종 제2조인 현수賢首 법장(法藏, 643~712)은 사마르칸트(Samarkand: 강거康居)계의 당나라 사람으로 그의 유명한 『대승기신론의기』가 원효의 『기신론해동소』를 거의 그대로 답습하였으며, 법장에게 사사한 혜원(慧苑,

673?~743?)은 '화엄의 여러 스님들이 원효의 저술들에서 인용하며 해동이라 칭하였다'고 하며 원효를 '불세출의 위인'이라 평가한다. 또 다른 법장의 제자인 담연(湛然, 711~781)은 그의 이름이 『금강삼매경론』 대의문에서 원효가 일심을 설명하는 용어로 그 이름은 삼은 것이다. 담연에게서 천태를 배운 화엄종 제4조 청량淸凉 징관(澄觀, 737?~839)은 당나라에서 처음으로 교선일치敎禪一致를 주장한다. 북송 초에 그 맥을 이어 교선일치를 주장한 영명永明 연수(延壽, 904~975)의 『종경록宗鏡錄』에서는 원효를 여러 번 인용하고, 그의 『만선동귀집萬善同歸集』에서 공空과 유有를 회통시키는 구절은 원효 『십문화쟁론』의 '공유이집화쟁문空有異執和諍門'의 영향으로 보인다. 또 송대에 불가와 도가에 대한 유가의 도전과 부흥을 문제의식으로 삼아 성리학을 집대성한 주희(朱熹, 1130~1200)는 이기理氣를 '하나이면서 둘이고 둘이면서 하나'(一而二 二而一)라고 보는 것들은 원효가 그의 철학에서 자주 사용하는 논법의 하나인 '하나도 아니고 다르지도 않다'(非一非異)거나 '하나도 아니고 둘도 아니다'(不一不二)고 하는 것들로부터 알게 모르게 영향을 받고 있다고 생각한다.

원효 생존 시기와 거의 일치하는 시기에 일본에서 수입한 불교는 대부분 신라 불교였다. 일본은 685년에서 707년까지 신라에 14인의 학문승을 파견하였다. 그런데 일본에서 654년에서 702년 사이 당나라에 사신을 파견한 회수는 5회인데, 그 사이 학문승 파견은 없었다. 일본에서 당나라에 653년에 파견

하였던 학문승인 의덕義德(『일본서기』 권25)과 그 파견 연도를 알 수 없지만 지종智宗, 정안淨眼 등이 함께 690년에 신라에서 보내는 사신을 따라 일본에 귀국하였다(『일본서기』 권30). 당나라로 간 학문승도 거의 없지만 신라 배와 행렬을 이용해야 했던 일본의 학문승 의덕이 당나라에 갔다 오는 데 33년의 시간차가 있었다. 8세기 나라(奈良) 시대의 경론 사서寫書 기록을 보면 원효 등 신라인의 문헌 및 당나라인들의 문헌을 많이 사서寫書하였다. 최재석의 『고대한일불교관계사』에 따르면, 그 중 원효의 저술이 가장 많다.[61] 또 나라시대 법상종을 대표하는 젠쥬(善珠, 723~797)의 저술 여러 곳에 원효가 인용되고 있다. 그의 『유식의등증명기唯識義燈增明記』에는 원효의 『판비량론』이 인용되고 있으며, 그의 『인명론소명등소因明論疏明燈疏』에도 원효의 학설을 인용하고 있다.[62]

일본에 불교를 전한 중요한 사람 가운데 한 사람인 신라승 심상(審詳, ?~742)은 와슈和州의 다이안사大安寺에 머물렀으며 그의 제자 료벤良辯의 요청으로 740년 『화엄경』 60권 강의를 시작해 742년 강의를 마치고 입적하였다. 그는 지금도 일본 최초의 관사官寺인 사천왕사의 '왓서마쯔리'의 팜플릿에 "원효의 흐름을 잇는 신라의 심상이 성무천황聖武天皇에 화엄을 강화한 것을 계기로 도다이지東大寺의 대불을 만들게 되었다"고 전한다. 그는 일본의 승려 16명과 많은 학자들을 가르쳤다고 한다. 그의 책 목록에 있는 170부 645권 중 32부 78권이 원효의 저작이다. 료벤은 오늘날의 후꾸이현 사람인데 그가 살던 백석白石은 신라 사람들이 대대로 살아오던 마을이며 지금도 신라대명신新羅大明神을 모시고 있다.63) 당시 일본의 불교는 절대적으로 신라의 영향하에 있었다.

「고선사서당화상비」와 김부식의 『삼국사기』 「설총전」과 『속일본서기續日本書紀』를 종합해 보면, 일본 진인眞人이 일찍이 원효가 지은 『금강삼매경론』을 보고 존경하는 마음이 깊었는데, 780년(선덕왕 1년) 정월에 일본에 간 신라 사신 행렬 중 그 후손인 한림翰林 설중업薛仲業을 보고 기뻐하며 '신라의 사신 설중업 판관에게 드리는 시'인 「증신라사설판관시贈新羅使薛判官詩」를 주었고 극진히 대접하였다. 또 설중업은 일본 칸무왕(桓武王)의 아버지인 광인왕光仁王으로부터 대판관大判官 한나마(韓奈麻: 大奈麻)라는 종5품하從五品下의 일본관직을 제수받기도 하였다. 대개 기존에는 설중업이 원효의 포손抱孫 또는 손孫으로 표현되어 있고 원효가 설중업의 조祖로 표현되어 있어 그를 원효의 손자로 본다. 그러나 원효와 요석 공주 사이의 설총 출생연도(654~661년 무열왕 재위 시 혹은 문무왕 7년인 667년에 원효와 요석공주가 인연을 맺음)와 설중업의 사신 행렬이 일본에 간 780년 사이를 생각해 그 나이 차를 고려해 볼 때, 설중업은 아마도 원효 아들인 설총의 손자나 증손자였을 것이다. 포손이나 손이 손자가 아니라 후손이란 뜻이고, 조祖는 할아버지가 아니라 조상을 일컫는 것이다. 어쨌든 원효 저술의 위상을 나타내주는 일본에서의 이런 역사적 이야기들로 미루어 원효 저술 이후의 영향들을 짐작할 수 있다. 카마쿠라(鎌倉)

시대엔 이미 당나라로부터 불교를 직수입했다는 것을 강조하는 역사적 날조 작업이 한창이던 시기인데도 불구하고 도다이지(東大寺)를 재흥시킨 교넨(凝然, 1240~1321)은 원효의 영정에도 예배하였으며, 그의 「찬술화엄경론장목록撰述華嚴經論章目錄」에 원효의 저술이 28부 기록되어 있다고 한다.[64] 그의 『승만경소상현기勝鬘經疏詳玄記』에서 원효의 『승만경소勝鬘經疏』를 무려 80여 회에 걸쳐 7000여 자를 인용하고 있다. 최근 연구 가운데 일본의 와(和) 사상이 원효의 화쟁和諍 사상으로부터 영향을 강하게 받아 일본식으로 정착된 것이란 주장을 한 학자도 있다. 쇼토쿠(聖德) 태자가 604년 일본 최초의 헌법 제1조에서 강조한 것이 와(和)이고 이 와(和) 사상이 이후 일본 1400년 역사를 지배한 것을 감안하면 지나친 주장일 수 있으나, 원효의 화쟁을 이해하고 변형하기도 하고 소통하기에도 좋은 바탕을 갖추고 있었다. 또 한국에 현존하지 않는 원효 저술이 일본에서 필사본으로 발견되기도 하는 것도 원효를 존숭해온 증거가 된다.

대개 한국불교철학의 통불교적 특징을 원효의 일심 사상과 화쟁 사상으로부터 그 기원을 찾는다. 『열반경종요』는 화쟁을 제시하였고, 또 『법화경종요』는 일체 언교言敎가 일승교一乘敎며, 무량승無量乘이니, 모든 경론과 대·소승 교의敎義가 다 법화일승法華一乘에 귀일歸一한다는 이론을 제시하였다. 그러므로 원효는 일승관一乘觀을 주장했다고 할 수 있다. 그 일승관에 입각하여 대·소승 삼장三藏을 다 일승에 이르게 하는 방편이므로 그 교의에 대하여 옳고 그름을 따질 것이 아니라, 그 본뜻을 바로 이해하게 되면 그곳에 쟁론이 있을 수 없다는 것이 화쟁이다. 따라서 화쟁사상의 궁극 목적은 일승불교一乘佛敎의 구현에 있다고 본다. 그 일승불교의 이념이 바로 통불교通佛敎다. 이 통불교의 이론체계가 곧 화쟁사상이다. 보조 지눌(知訥, 1158~1210)의 정혜쌍수定慧雙修, 청허당 서산(1520~1604)의 선교일치禪敎一致, 유·불·도 삼교 통합론 등은 원효의 일심과 화쟁을 그 시대정신으로 계승하는 것이다. 또 세종의 훈민정음 창제(1446, 세종28) 동기나 소리에 대한 이해 그리고 제자 원리도 그 지혜 전통을 계승하고 있는 것이다.

이 화쟁사상을 현대적으로 해석해 적용해 말하면, 총화통일의 사상이요, 평등 평화 건설의 원리면서, 남북 공존의 원리다. 원효의 화쟁해석학에서는 유물론과 유심론은 대립되는 것이 아니라, 정신과 물질이 진여법성으로 평등이다. 오온五蘊과 육대六大가 인연 따라 중생과 국토, 정신계, 물질계에 구현된 것이듯이 남북의 분단 상황도 인연 따라 구현된 것이다. 본래 이원二元이 아닌데 정치·경제적인 면에서 20세기를 이원의 세계로 구분하여 20세기에는 민주주의·사회주의로, 혹은 자본주의·공산주의로 두 이념의 세계로 갈라놓았다. 그러므로 화쟁사상을 좀 더 현대적으로 풀면, 물질과 정신이 하나이며, 보편과 특수가 둘이 아니다. 따라서 존재하는 모든 것들이 다 다르지만 그 속에 함께 속해 하나로 꿰뚫고 모아지는 바가 있으므로 모두 조화를 이루며 각자성을 유지하는 것이다.

화쟁이 신라 당시 정치·사회적으로 삼국통일의 원리라 해석하고 또 문화·종교적으로 통불교의 원리로 해석하는 학자들이 있었다. 화쟁을 국민총화와 남북통일 원리라 해석한 것이 주로 1970년대부터 1980년대까지라면 2000년대의 오늘날은 남북의 조화로운 공존의 원리로 해석될 수 있다. 하나도 아니고 다르지도 않은 원효의 논리로 볼 때, 둘이라 하기에 우리는 한 민족이자 한 나라다. 또 하나라고 하기에는 우리는 정치·경제·사회상 큰 차이가 있다. 따라서 한 마음에 기초해 평화로운 공존을 이루면서 궁극적으로는 한 마음의 본원의 바다에 돌아가지만 둘 중 어느 하나가 승리하는 방식은 아니다. 이를 확장해 세계에 그 의미를 적용하면, 세계가 하나의 지구촌이 되어 가는 문화와 종교의 다원주의 시대에 지구촌 공존의 원리가 된다. 우리는 세계화의 양지와 음지를 함께 보며 획일화나 전체주의화가 아닌 다양한 가치와 다양한 종교와 다양한 문화의 공존을 궁극적으로는 한 마음이라는 근원 안에서 구현하는 것이다. 그러므로 원효의 철학을 오늘날 한국 사람과 세계시민이 살아가는 지혜로 삼을 수 있다.

나가는 말

원효의 깨달음에 관한 이야기로 유명한 고사가 있다. "어젯밤 잠자리는 땅막이라 편안했는데, 오늘밤은 귀신의 집에 의탁하니 매우 뒤숭숭하구나. 알겠도다! 마음이 일어나므로 갖가지 현상이 일어나고, 마음이 사라지므로 땅막과 무덤이 둘이 아님을. 삼계는 오직 마음이요, 만법은 오직 인식일 뿐이다. 마음 밖에 현상이 없는데 어디서 따로 구하겠는가? 나는 당나라에 가지 않겠다!"[65] 원효의 깨달음 이야기는 원효 식대로 말하면 이야기지만 이야기가 아니다. 말로 설명하는 만큼 알아들을 수 있지만, 그만큼 못 알아듣는 말이다. 왜냐하면 알아듣는 만큼 못 알아듣는 게 있다는 걸 체험해야 하는 말이기 때문이다. 깨달음은 알아듣는 만큼 못 알아듣는 말이 있다는 말을 알아듣는 것이다. 그래서 알아듣고 못 알아듣고의 구분 너머에 있다고도 할 수 있으나, 이때 너머는 이곳이 아닌 저기 너머를 가리키는 너머가 아니므로, 이곳과 저곳을 가릴 것이 없는 너머다. 그러니 굳이 넘으려고 하지는 말자!

　그러니 못 알아듣는다고 해서 걱정할 것은 아니다. 오히려 알아듣는다면 그게 걱정이어야 할지도 모른다. 알아듣는 순간 못 알아듣는 것이 태산처럼 버티고 있는 것이기 때문이다. 그러니 때가 되어 알아들을 순간에 알아들을 연이 된 사람이 알아듣게 마련이다. 나는 여기서 원효철학을 이야기하지만, 원효가 그의 글을 통해서 보여주려고 한 것을 알아듣는 것은 독자의 몫이다. 그는 진리를 이야기하며 여러 경전에서 그 근거들을 자유롭게 보여주면서 우리로 하여금 자기가 말하는 거기를 볼 수 있도록 가리키고 있다. 여기서 일심과 화쟁과 무애와 열반과 원음 등을 통틀어 한 마디로 뉘쳐 말하면 진리다. 이 말들을 진리로 뉘쳐 말하기가 가능하기도 하고 불가능하기도 한 것처럼, 진리를 일심과 화쟁과 무애와 열반과 원음 등으로도 뉘침 가능하기도 하고 뉘침 불가능하기도 하다. 일심과 화쟁과 무애와 열반과 원음 등이 되었든지 진리가 되었든지, 이 말들은 묶어 말하면 한 사건 한 사태를 가리키는 것이고, 펼쳐 말하면 무량한 이야기요 사건들이다. 우리가 그 사태를 얼마만큼 보았고 느꼈는지는 각자 몫이지만, 너무 걱정하지는 말자. 만법이 모두 자기 마음을 비추어 전개되는 것이고, 마음 밖에 현상이 따로 있지 않다고 하지 않는가! 자기 마음을 깊이 들여다보자.

자기 마음 안에 있는 영원함을 보고 편안함과 즐거움을 보며 '참나'를 보며 고요하고 깨끗함을 보자. 자기 마음 안에 생겨났다 사라지는 것이 있다면, 불편하고 괴로운 것이 있다면, 시끄럽고 더러운 것이 있다면 그것은 참 자기가 아니다. 흐르는 물에 자신을 비추어 볼 수 없고 잔잔한 물에 자신을 비추어 볼 수 있듯이, 자신 안의 잔잔한 마음으로 자신을 비추어 보자. 그리고 자신의 잔잔히 가라앉은 마음으로 다른 모든 것이 함께 잔잔하게 가라 앉아 편안하도록 하자. 그러면 하늘의 구름처럼 바람처럼 걸림 없이 자유로운 정신으로 자유롭게 하루하루를 살게 되지 않을까!

주

1) 고영섭,「원효의 통일학」,『원효(한국의 사상가 10인)』(고영섭 엮음), 예문서원, 2002, 177-179쪽 참조. ; 은정희,『은정희 교수의 대승기신론 강의』, 예문서원, 2008, 15쪽 참조.

2) 고영섭, 같은 논문, 같은 책, 179-181쪽 참조.

3) 이에 대한 연구자들은 다음과 같다. 박성배(1979), 石井公成(1983), 남동신(1988, 2004), 요르그 플라센(2004), 최유진(2004, 2005), 김도공(2005), 김원명(2009).

4) 박태원,「한국 고대불교의 통합사상-원효와 의상을 중심으로」,『한국사상사학』제14집, 서문문화사, 2000, 2-6쪽 참조.

5) 은정희 옮김,「소」,『원효의 대승기신론소·별기』, 일지사, 2002, 48-50쪽 참조. ; 提婆 옮김,『증일아함경增壹阿含經』(51권), 제31권, 대정신수대장경 제2권, 717쪽 b19-25, "小兒 以啼爲力 欲有所說 要當先啼. 女人以瞋恚爲力 依瞋恚已 然後所說 沙門·婆羅門以忍爲力 常念下 下於人然後自陳 國王以憍鷔爲力 以此豪勢而自陳說 然阿羅漢以專精爲力 而自陳說 諸佛世尊成大慈悲 以大悲爲力弘益衆生"

6) 은정희 옮김,「해제」,『원효의 대승기신론소·별기』, 11-12쪽 참조.

7) 김영호,「원효 화쟁 사상의 독특성-회쟁(인도) 및 무쟁(중국)과의 대조」,『철학』, 한국철학회, 2000, 21-33쪽 참조.

8) "대감굿이 보여주는 호혜경제시대의 분배의 원칙", DAUM 블로거뉴스, 2006.1.11. 참조.

9) "귀거리만신의 굿은 역시 대인의 굿", DAUM 블로거뉴스, 2006.1.31. 참조.

10) 「신라전」,『수서隋書』, "其有大事, 則聚群臣, 詳議而定之." 참조. ; 「신라전」,『당서唐書』, "事必與衆議, 號和白, 一人異則罷." 참조.

11) 원효, 은정희 옮김,『이장의』, 소명출판, 2004, 260-261쪽 참조. ; 『이장의二障義』, 한불전1, 814쪽 a05-06, "所設諸難 皆有道理 有道理故悉無不許 無不許故無所不通" 참조.

12) 원효,『열반종요涅槃宗要』, 한불전1, 524쪽 a15-16, "統衆典之部分歸萬流之一味 開佛意之至公和百家之異諍."

13) 찬영,「당신라국의상전」,『송고승전』권4. ; 고영섭,「원효의 통일학」,『원효(한국의 사상가 10인)』, 예문서원, 2002, 165쪽 재인용.

14) 김상일,『원효의 판비량론(괴델의 불완전성 정리로 풀어본)』, 지식산업사, 2003. 참조. ; 김상일,『원효의 판비량론 비교 연구』, 지식산업사, 2004. 참조. ; 김성철,『원효의 판비량론 기초 연구』, 지식산업사, 2003. 참조.

15) 박휘근,「한국인의 존재지혜 I」,『한국외국어대학교 대학원 철학과 1998 가을학기 세미나 강의록』, 1998, 25-26쪽 참조.

16) 김형효,『원효에서 다산까지』, 청계, 2000, 28-29쪽 참조.

17) 은정희 옮김,『원효의 대승기신론소·별기』, 65쪽 참조. ;「소」, "如來所說一切法門之根本義. 以是一心二門之內, 無一法義而所不攝故." 참조.

18) 은정희 옮김, 같은 책, 86-89쪽 참조.

19) 정영근,「원효의 사상과 실천의 통일적 이해」,『원효(한국의 사상가 10인)』, 예문서원, 2002, 478쪽 참조.

20) 은정희 옮김, 같은 책, 88쪽 ;「소」, "染淨諸法其性無異, 眞妄二門不得有異."

21) 은정희 옮김, 같은 책, 88쪽 ;「소」, "此無二處諸法中實, 不同虛空, 性自神解, 故名爲心."

22) 마르틴 하이데거, 박휘근 옮김,『형이상학입문』, 문예출판사, 1997.

23) 원효, 은정희 옮김,『이장의』, 소명출판, 2004, 260-261쪽 참조. ;『이장의二障義』, 한불전1, 814쪽 a05-06, "所設諸難 皆有道理 有道理故悉無不許 無不許故無所不通" 참조.

24) 원효,『열반종요涅槃宗要』, 한불전1, 524쪽 a15-16, "統衆典之部分歸萬流之一味 開佛意之至公和百家之異諍"

25) 이것은 1914년 9월에 하반부 세 조각과 1968년 9월 상부의 왼쪽 끝이 한 조각 발견되었다.(이만용,『원효의 사상』, 전망사, 1983, 76-77쪽 참조) ; 오법안은 노부오 오토이의「新羅元曉の生涯について」, Vol.41, No1, 1961(오타니가꾸호),

pp.33-52를 들어 1914년 5월에 발견한 것으로 말한다.(오법
안,『원효의 화쟁사상연구』, 홍법원, 1988, 35-36,59쪽 참조.)

26) 이 '고선사서당화상비문高仙寺誓幢和尚碑文'에 의하면 원
효(617~686) 사후 100여 년이 지나 대력연간(766~780) 봄에
일본에 사신 행렬로 갔던 원효의 후손 한림翰林 설중업薛仲
業이 원효를 흠모하고 존경하는 당시 일본의 높은 벼슬아치
를 만나 융숭한 대접을 받는다. 이 사건 이후 20여 년이 흘러
9세기 초 애장왕(재위 800~809) 재위 때, 각간 김언승의 후
원으로 서당화상비가 세워진다.(김상현,「고선사서당화상비
문」,『원효연구』, 민족사, 2000, 337-341쪽 참조.)

27) 대각국사大覺國師 의천義天은 원효가 "백가의 다투는 실마
리를 화합시키고 일대의 지극히 공정한 논을 얻었다"고 찬양
하고, 고려 고종高宗 때에 조하향천단朝何向天旦의 『해동
종수좌관고海東宗首座官誥』에 "신라 시대에 원효공이 태
어나서 백가의 이쟁을 화합하고, 이문을 합하여 함께 돌아갔
다"고 하였다. 고려 숙종肅宗은 1101년(숙종 6년)에 원효에
게 '화쟁국사'라는 시호諡號를 추증하였고, 비를 세워 공덕
을 기념하였다. 의천,『大覺國師文集』16권, "和百家異諍
之端, 得一代至公之論" ;『동문선東文選』27권 38쪽, "曉
公誕生羅代 和百家之異諍 合二門之同歸" ; 이만용, 같은
책, 68-69쪽 참조. ;『고려사高麗史』11권, '肅宗六年條' 참
조. ; 김상현, 위 책, 209,301-302쪽 참조.

28) 원효,『열반종요涅槃宗要』, 539쪽 a07-09. ; 혜엄 옮김,『대
반열반경大般涅槃經』(36), 대정장12, 802쪽 b29-c02, "如彼
盲人 各各說象 雖不得實 非不說象. 說佛性者 亦復如是.
非卽六法 不離六法."

29) 원효,『금강삼매경론金剛三昧經論』, 한불전1, 610쪽 a17-b01,
"如來所化一切衆生 莫非一心之流轉故 皆說一味者 如
來所說一切敎法 無不令入一覺味故 欲明一切衆生 本來
一覺 但由無明 隨夢流轉 皆從如來一味之說 無不終歸一
心之源 歸心源時 皆無所得 故言一味 卽是一乘" 참조.

30) 원효,『열반종요』, 547쪽 a18-21, "佛意深遠無限, …… 限於
佛意, 是猶以螺酌海用管闚天者耳."

31) 원효,『대승기신론별기大乘起信論別記』, 한불전1, 680쪽 a15-16

; 원효, 『대승기신론소기회본大乘起信論疏記會本』, 한불전 1, 742쪽 a09, "百家之諍無所不和也" 참조.

32) 無性·不定性 및 성문·연각·보살의 定性, 즉 각기 그 본성이 결정되어 있다는 것.

33) 허인섭, 「대승기신론 별기에 나타난 원효의 여래장 개념 이해」, 『철학사상』 9호, 서울대학교 철학사상연구소, 1999, 156-164쪽 참조.

34) 이평래, 「여래장설과 원효」, 『원효(한국의 사상가 10인)』 예문서원, 2002, 140-147쪽 참조.

35) 최유진, 「제3장 1절 일심사상의 역사적 전개과정」, 『원효사상연구』, 경남대학교출판부, 1998, 24-40쪽 참조.

36) 원효, 『기신론소』, 한불전1, 705쪽 a02.

37) 은정희 옮김, 「소」, 같은 책, 123쪽.

38) 은정희 옮김, 「소」, 같은 책, 124쪽 참조.

39) 진제眞際는 진실제眞實際와 같다. 제際는 구경究竟의 뜻이다. 색수상행식色受想行識 5온蘊의 여러 법에 대한 객관적 잘못된 고집(法執)과, 5온으로 조성된 아我에 대한 주관적 잘못된 고집(人執)이 없어질 때에 나타나는 진여.

40) 원효, 같은 책, 524쪽 a05-07, "涅槃之爲道也, 無道而無非道, 無住而無非住. 是知其道至近至遠, 證斯道者, 彌寂彌喧. 彌喧之故, 普震八聲, 通虛空而不息. 彌寂之故, 遠離十相, 同眞際而湛然. 由至遠故, 隨敎逝之, 綿歷千劫, 而不臻. 由至近故, 忘言尋之, 不過一念, 而自會也."

41) 원효, 『열반종요涅槃宗要』, 524쪽 a16, "開佛意之至公 和百家之異諍"

42) 원효, 같은 책, 524쪽 a15, "統衆典之部分 歸萬流之一味"

43) 원효, 『열반종요涅槃宗要』, 한불전1, 524쪽 b 참조.

44) 은정희 옮김, 「소」, 같은 책, 27쪽 참조.

45) 원효, 『열반종요涅槃宗要』, 한불전1, 547쪽 a20-21 참조. ; 김원명, 「원효 『열반경종요』의 열반론 연구」, 한국외국어대학교 대학원 철학과 박사학위논문, 2006, 45-49쪽 참조.

46) 마명, 진제 옮김, 『대승기신론』, 대정장32, 575쪽 c10에 원음

圓音이 한번 나온다.

47) 마명, 실차난타 옮김, 『대승기신론』, 대정장32, 584쪽 b15에 일음一音이 한 번 나온다.

48) Yoshito S. Hakeda, *The Awakening of Faith*, Attributed to Asvaghosha, Columbia University Press, 1967, p.26 참조. ; D.T. Suzuki, *Açvaghosha's Discourse on the AWAKENING OF FAITH to the MAHAYANA*, Chicago, 1900, pp.38-41, p.51 참조. ; Jean Cools, *Mahayana-Sraddhotpada-Sastra*, traduction et notes d'après la version de D.T. Suzuki, Institut Belge des Hautes Etudes Bouddhiques, Bruxelles, 1971, VII-VIII 참조. ; P. Demiéville, *Sur l'authenticitée du Ta Tch'ing K'i Sin Louen*, Bulletin de la Maison Franco-Japonaise II, No. 2, Tokyo, 1929, pp.1-78 참조. ; 이기영, 『원효사상』, 홍법원, 1993 6판, 13-27쪽 참조. ; 박휘근, 'Ⅷ. 「원효의 원음圓音」과 한국인의 존재지혜', 『한국인의 존재지혜Ⅱ-「원효의 원음」과 한국인의 존재지혜』, 레이든, 2000, 미출판 참조. ; 박휘근, 『원음圓音과 로고스(λ ο ν.ο σ)의 영원한 무관계無關係에 관하여』, 레이든, 1995, 미출판 참조.

49) 김호성, 「一音敎와 自己哲學의 글쓰기」, 『동서철학연구』 제42호, 2006, 69,75-77쪽 참조.

50) 구나발타라求那跋陀羅 옮김, 『잡아함경雜阿含經』권12, 대정장2, 85쪽 b24-29, "佛告比丘. 緣起法者. 非我所作. 亦非餘人作. 然彼如來出世及未出世. 法界常住. 彼如來自覺此法. 成等正覺. 爲諸衆生分別演說. 開發顯示. 所謂此有故彼有. 此起故彼起. 謂緣無明行. 乃至純大苦聚集. 無明滅故行滅. 乃至純大苦聚滅."

51) 원효, 『보살계본지범요기菩薩戒本持犯要記』, 한불전1, 583쪽 a17-18, "一切他義 咸是佛義 百家之說 無所不是 八萬法門 皆可入理."

52) 지눌, 『화엄론절요華嚴論節要』서序, 보조전서, 174쪽, "佛祖心口 必不相違 豈可不窮根源 而各安所習 妄興諍論 虛喪天日耶."

53) 지눌, 『화엄론절요華嚴論節要』, 보조전서, 211쪽, "第一 後魏菩提留支 立一音敎 謂一切聖敎 唯是如來一圓音敎 但

隨根異故. 經云「佛以一音演說法 衆生隨類各得解.」". 김
호성은 "一圓音敎"를 "一音圓敎"로 잘못 인용하고 있음.
(김호성, 같은 논문, 60쪽 각주 16) 참조.)

54) 이기영은 원효 자신의 생각을 대변하는 것에 불과하다고 한
다. 그리고 박휘근은 그의 『한국인의 존재지혜Ⅱ-「원효의
원음」과 한국인의 존재지혜』에서 원효가 원음에 주목했다는
사실을 강조하고 있다. (이기영, 『원효사상』, 홍법원, 1993 6
판, 91쪽 참조 ; 박휘근, 『한국인의 존재지혜Ⅱ-「원효의 원음」
과 한국인의 존재지혜』 참조.)

55) "일심一心과 보살菩薩", 네이버블로그(http://blog.naver.com/
buddhaletter/40049478850) 참조.

56) 조경아, 「무애무無碍舞의 기원과 변천과정」, 『온지논총』 제13
집, 온지학회溫知學會, 2005.12. 181-221쪽 참조. ; "정재의 변
신은 무죄(?)", 네이버블로그(http://blog.naver.com/gisele0843/130027
949145) 참조. ; 무용웹진 "춤추는 거미"(www.dancingspider.co.kr)
참조. ; "무애무無碍舞" 네이버블로그(http://cafe.naver.com/
sorijanglee/413) 참조.

57) 고영섭, 「원효의 화엄학」, 『원효(한국의 사상가 10인)』, 예문
서원, 2002, 509쪽 참조.

58) 은정희 옮김, 같은 책, 188쪽 참조.

59) 은정희 옮김, 「소」, 같은 책, 20-21쪽, "自非杜口大士, 目擊
丈夫, 誰能論大乘離言, 起深信於絕慮者哉."

60) 원효, 『본업경소서本業經疏序』, 한불전1, 498쪽 a03-11, "原
夫二諦中道 乃無可道之津 重玄法門 逾無可門之理 無可
道故不可以有心行 無可門故不可以有行入 然以大海無津
汎舟楫而能渡 虛空無梯 翩羽翼而高翔 是知無道之道 斯
無不道 無門之門 則無非門 無非門故事事皆爲入玄之門
無不道故處處咸是歸源之路 歸源之路甚夷而無人能行 入
玄之門泰然而無人能入"

61) 최재석, 『고대한일불교관계사』, 일지사, 1998.

62) 橋川智昭, 「日本 法相宗의 形成과 新羅 唯識學」, 네이버
블로그(http://blog.naver.com/corea_happy/120050220839) 참조.

63) 최무애(일본 통국사 주지), 「원효와 일본불교」, 『원효학연구』

제8집, 원효학연구원, 2003, 26-27쪽 참조.
64) 같은 논문, 28쪽 참조.
65) 찬영, 「당신라국의상전」, 『송고승전』권4. ; 고영섭, 「원효의
통일학」, 『원효(한국의 사상가 10인)』, 예문서원, 2002, 165쪽
재인용.

원효 한국불교철학의 선구적 사상가

펴낸날	초판 1쇄 2008년 5월 25일
	초판 4쇄 2014년 6월 17일

지은이	김원명
펴낸이	심만수
펴낸곳	(주)살림출판사
출판등록	1989년 11월 1일 제9-210호

주소	경기도 파주시 광인사길 30
전화	031-955-1350 팩스 031-624-1356
기획·편집	031-955-4671
홈페이지	http://www.sallimbooks.com
이메일	book@sallimbooks.com

ISBN	978-89-522-0900-9 04080

384 삼위일체론   eBook

유해무(고려신학대학교 교수)

기독교에서 믿는 하나님은 어떤 존재일까? 성부 하나님과 성자 예수, 그리고 성령이 계시며, 이분들이 한 하나님임을 이야기하는 삼위일체론은 기독교 교회가 믿고 고백하는 핵심 교리다. 신구약 성경에 이 교리가 어떻게 나타나 있으며, 초기 기독교 교회의 예배와 의식에서 어떻게 구현되었고, 2천 년 동안의 교회 역사를 통해 어떤 도전과 변화를 겪으며 정식화되었는지를 일목요연하게 정리했다.

315 달마와 그 제자들   eBook

우봉규(소설가)

동아시아 불교의 특징은 선(禪)이다. 그리고 선 전통의 터를 닦은 이가 달마와 그에서 이어지는 여섯 조사들이다. 이 책은 달마, 혜가, 승찬, 도신, 홍인, 혜능으로 이어지는 선승들의 이야기를 통해 선불교의 기본사상을 이해하도록 돕는다.

041 한국교회의 역사   eBook

서정민(연세대 신학과 교수)

국내 전체인구의 25%를 점하고 있는 기독교. 하지만 우리는 한국 기독교의 역사에 대해서 너무나 무지하다. 이 책은 한국에 기독교가 처음 소개되던 당시의 수용과 갈등의 역사, 일제의 점령과 3·1운동 그리고 6·25 전쟁 등 굵직굵직한 한국사에서의 기독교의 역할과 저항, 한국 기독교가 분열되고 성장해 왔던 과정 등을 소개한다.

067 현대 신학 이야기   eBook

박만(부산장신대 신학과 교수)

이 책은 현대 신학의 대표적인 학자들과 최근의 신학계의 흐름을 해설한다. 20세기 전반기의 대표적인 신학자인 칼 바르트와 폴 틸리히, 디트리히 본회퍼, 그리고 현대 신학의 중요한 흐름인 해방신학과 과정신학 및 생태계 신학 등이 지닌 의미와 한계가 무엇인지를 친절하게 소개하고 있다.

099 아브라함의 종교 유대교기독교이슬람교 `eBook`

공일주(요르단대 현대언어과 교수)

이 책은 유대교, 이슬람교, 기독교가 아브라함이라는 동일한 뿌리에서 갈라져 나왔다는 점에 주목한다. 저자는 이를 추적함으로써 각각의 종교를 그리고 그 종교에서 나온 정치적, 역사적 흐름을 설명한다. 이스라엘과 팔레스타인으로 대변되는 다툼의 중심에는 신이 아브라함에게 그 땅을 주겠다는 약속이 있음을 명쾌하게 밝히고 있다.

221 종교개혁 이야기 `eBook`

이성덕(배재대 복지신학과 교수)

종교개혁은 단지 교회사적인 사건이 아닌, 유럽의 종교 · 사회 · 정치적 지형도를 바꾸어 놓은 사건이다. 이 책은 16세기 극렬한 투쟁 속에서 생겨난 개신교와 로마 카톨릭 간의 분열을 그 당시 치열한 삶을 살았던 개혁가들의 투쟁을 통해 보여 주고 있다. 마르틴 루터, 츠빙글리, 칼빈으로 이어지는 종파적 대립과 종교전쟁의 역사들이 한 편의 소설처럼 펼쳐진다.

263 기독교의 교파

남병두(침례신학대학교 교수)

하나의 교회가 역사적으로 어떻게 다양한 교파로 발전해왔는지를 한눈에 보여주는 책. 교회의 시작과 이단의 출현, 신앙 논쟁과 이를 둘러싼 갈등 등이 파노라마처럼 펼쳐진다. 사도행전에 나타난 교회의 시작과 이단의 출현에서부터 초기 교회의 분열, 로마가톨릭과 동방정교회의 분열, 16세기 종교개혁을 지나 18세기의 감리교와 성결운동까지 두루 살펴본다.

386 금강경

곽철환(동국대 인도철학과 졸업)

『금강경』은 대한불교조계종이 근본 경전으로 삼는 소의경전(所依經典)이다.『금강경』의 핵심은 지혜의 완성이다. 즉 마음에 각인된 고착 관념이 허물어져 어디에도 집착하지 않는 상태를 말한다. 이 책은 구마라집의 『금강반야바라밀경』을 저본으로 삼아 해설했으며, 기존 번역의 문제점까지 일일이 지적해 독자들의 이해를 돕고자 했다.

013 인도신화의 계보 `eBook`

류경희(서울대 강사)

살아 있는 신화의 보고인 인도 신들의 계보와 특성, 신화 속에 담긴 사상과 가치관, 인도인의 세계관을 쉽게 설명한 책. 우주와 인간의 관계에 대한 일원론적 이해, 우주와 인간 삶의 순환적 시간관, 사회와 우주의 유기적 질서체계를 유지하려는 경향과 생태주의적 삶의 태도 등이 소개된다.

309 인도 불교사 붓다에서 암베드카르까지 `eBook`

김미숙(동국대 강사)

가우타마 붓다와 그로부터 시작된 인도 불교의 역사를 흥미롭고도 일목요연하게 정리한 책. 붓다가 출가해서, 그를 따르는 무리들이 생겨나고, 붓다가 생애를 마친 후 그 말씀을 보존하기 위해 경전을 만드는 등의 이야기들이 한눈에 들어온다. 또한 최근 인도에서 다시 불고 있는 불교의 바람에 대해 소개한다.

281 예수가 상상한 그리스도

김호경(서울장신대학교 교수)

예수가 그리스도라는 것은 어떤 의미인가? 이 책은 신앙적 고백과 백과사전적 지식 사이에서 현재 예수 그리스도가 가진 의미를 묻고 있다. 저자는 이러한 문제의식을 바탕으로 예수가 보여준 질서와 가치가 우리와 얼마나 다른지, 그를 따르는 것이 왜 우리에게 익숙하지 않은 일인지를 보여주고 있다.

346 왜 그 음식은 먹지 않을까 `eBook`

정한진(창원전문대 식품조리과 교수)

세계에는 수많은 금기음식들이 있다. 유대인과 이슬람교도들은 돼지고기를 먹지 않고, 힌두교도의 대부분은 소고기를 먹지 않는다. 개고기 식용에 관해서도 말들이 많다. 그들은 왜 그 음식들을 먹지 않는 것일까? 음식 금기 현상에 접근하는 다양한 방식을 통해 그 유래와 문화적 배경을 살펴보자.

eBook 표시가 되어있는 도서는 전자책으로 구매가 가능합니다.

㈜살림출판사
www.sallimbooks.com
주소 경기도 파주시 문발동 522-1 | 전화 031-955-1350 | 팩스 031-955-1355